Werner Schwipps

Garnisonkirche Potsdam

Werner Schwipps

Garnisonkirche Potsdam

Mit 43 Abbildungen

be.bra verlag
berlin.brandenburg

Die Deutsche Bibliothek –
CIP-Einheitsaufnahme
Schwipps, Werner:
Garnisonkirche Potsdam / Werner Schwipps. -
Berlin : be.bra-Verl., 2001
ISBN 3-930863-86-3

Kulturbrauerei Haus S
Schönhauser Allee 36, 10435 Berlin
e-mail: info@bebraverlag.de
http://www.bebraverlag.de
Lektorat: Gabriele Dietz, Berlin
Gestaltung: Iris Farnschläder, Hamburg
Schrift: Lexicon 9/13,8 pt
Lithographie: bildpunkt, Berlin
Druck und Bindung:
Friedrich Pustet, Regensburg
ISBN 3-930863-86-3

Inhalt

Vorwort

In der Geschichte der Hof- und Garnisonkirche zu Potsdam spiegeln sich Aufstieg und Niedergang des brandenburgisch-preußischen Staatswesens. Über Jahrhunderte übte der Monarch das Patronat über die Kirche aus und die Verbindung mit dem Königshaus war eng.

Das Zusammenspiel von Kirche und Staat, von Militär und Politik in Preußen aber kann nur aus seiner Zeit heraus verstanden werden. Mit Schlagworten wie »Militärkirche« und »Militarismus« ist der preußische Staat, ist die Bedeutung der Garnisonkirche nicht hinreichend erklärt. Wer allein in der Pickelhaube das Symbol Preußens sieht, weiß wenig vom preußischen Staatswesen.

Gewiss war Preußen ein militärischer Staat, aber dieser Staat beruhte nicht auf despotischer Willkür, sondern galt zu Recht als »aufgeklärt«. Der Monarch war dem Gesetz unterworfen und er unterwarf sich Gott wie jeder Bürger und jeder Soldat. Glaubens- und Gewissensfreiheit waren in Preußen gewährleistet. Die Garnisonkirchen entstanden nicht aus einem verderblichen Bündnis zwischen Kirche und Staat, sondern aus der Fürsorgepflicht des Monarchen gegenüber seinen Soldaten. Auch das war Preußen: Recht und Ordnung, Sparsamkeit, Redlichkeit, Gewissenhaftigkeit und Pflichtgefühl. Und Preußens Militärgeschichte kennt Beispiele, dass das Gewissen des Soldaten vor dem Befehl des Monarchen stand.

Preußen ist nicht erst mit dem Zusammenbruch des Hitlerreiches am Ende des Zweiten Weltkrieges oder durch den formellen Auflösungsbeschluss des Rates der Siegermächte untergegangen: Als Staatswesen wurde Preußen bereits 1932 durch den Staatsstreich der Regierung von Papen zerschlagen. Für die Potsdamer Hof- und Garnisonkirche begann das Ende mit dem politischen Missbrauch des Gotteshauses im März 1933, am so genannten »Tag von Potsdam«.

Mit dem deutschen Einigungsprozess hat eine lebhafte Diskussion über die geschichtliche Rolle der Stadt im Preußenstaat wie auch in der jüngeren Zeitgeschichte begonnen, auch über die Bedeutung verlorener oder noch existierender steinerner Zeugen der Vergangenheit. Die Hof- und Garnisonkirche gehörte zu den markantesten Baudenkmälern des frühen Preußentums mit hohem Symbolwert.

Die Königssärge sind in die Stadt zurückgekehrt, wenn auch nicht an ihren angestammten Platz. Auch die Stundenlieder des Glockenspiels »Lobe den Herren« und »Üb' immer Treu' und Redlichkeit« erklingen wieder, vorerst von einem Stahlgerüst in der Plantage. Und in der öffentlichen Diskussion zeichnet sich Zustimmung ab zum Wiederaufbau zunächst des Turms als städtebaulicher Akzent und zur Nutzung als Stätte des Nachdenkens und der Begegnung.

Werner Schwipps
Januar 2001

»Dreikirchenblick«: Heilig-Geist-Kirche, Nikolaikirche und Königl. Hof- und Garnisonkirche zu Potsdam.

Potsdam um 1740. Der »Dreikirchenblick« fällt vom Brauhausberg auf die Türme der Hof- und Garnisonkirche, der Nikolaikirche sowie der Heilig-Geist-Kirche.

Das Militärkirchenwesen in Brandenburg-Preußen

Die Anfänge des Militärkirchenwesens in Brandenburg-Preußen, für das die Königliche Hof- und Garnisonkirche zu Potsdam mehr als zwei Jahrhunderte hindurch zeugte, reichen zurück bis in die Zeit des Großen Kurfürsten. Feldprediger für die Söldnerheere hatte es schon früher gegeben, doch Kurfürst Friedrich Wilhelm, Regent von 1640 bis 1688, unterhielt Soldaten auch in Friedenszeiten und ernannte die ersten Garnisonprediger. Der Kurfürst verlangte von seinen Soldaten, nicht nur gut brandenburgisch, sondern auch gut protestantisch zu sein. Auf regelmäßigen Kirchgang der Regimenter legte er ebenso großen Wert wie auf militärischen Drill. Die Frage des Bekenntnisses war dabei von untergeordneter Bedeutung. Während der Kurfürst selbst überzeugter Calvinist, Anhänger des reformierten Bekenntnisses war, hing die Mehrzahl seiner Untertanen dem lutherischen Glauben an. In der Residenzstadt Berlin beispielsweise amtierten ausschließlich streitbare Lutheraner als Garnisonprediger.

Kurfürst Johann Sigismund, der Großvater Friedrich Wilhelms, hatte als erster Hohenzoller Weihnachten 1613 den Übertritt zum reformierten Bekenntnis vollzogen. Im Dom zu Berlin hatte er das Abendmahl nach dem Ritus der reformierten Kirche genommen und am gleichen Tage ein Glaubensbekenntnis veröffentlicht, in dem er der Lutherischen Landeskirche zusicherte, keinen Versuch machen zu wollen, im Sinne des neuen Glaubens auf seine Untertanen einzuwirken. Das war ein ausdrücklicher Verzicht auf das Legat des Glaubenszwangs. Johann Sigismund hat sein Versprechen gehalten und auch seine Nachfolger fühlten sich daran gebunden. Friedrich Wilhelm I. (1713 – 1740), der Soldatenkönig, hat dann das Kirchenregiment als Erster mit dem Ziel geführt, die Vereinigung von Lutheranern und Reformierten zu erreichen.

Die Militärkirchenbücher geben Aufschluss über die Entwicklung der reformierten und der lutherischen Garnisongemeinde in Potsdam. Ihren Gottesdienst hielten beide Gemeinden in den ersten Jahrzehnten in der Schlosskapelle. Zuerst gründete sich die Schlossgemeinde reformierten Bekenntnisses.

Erster fest angestellter Prediger der Schlossgemeinde wurde am 2. März 1662 Fridebert Fleming. Er begann im gleichen Jahre, ein Taufregister zu führen; ein Trauregister legte er 1672 an. In einem überlieferten Bericht heißt es, Fleming sei von dem damaligen Kastellan und dessen missgünstigen Weibe beim Kurfürsten unaufhörlich als täglicher Säufer und Spieler angegeben und, so wenig man ihm habe beweisen können, nach sechzehn Jahren Amtszeit nach Joachimsthal versetzt worden, nur um den Klagen ein Ende zu setzen.

Im Kirchenbuch findet sich darüber folgende kurze Mitteilung: »1678. Nachdem der gewesene Pastor Fridebert Fleming nach Joachimsthal beruffen, ist hiesiger Pastorat bei der Reformirten Gemeinden Adolpho Christophero Stoschjo.« Stosch, auch Stossius genannt, war zuvor Waisenvater in Berlin gewesen; ihm wurde besondere Verträglichkeit mit den lutherischen Predigern nachgesagt. Das Amt in Potsdam hat er zwei Jahre ausgeübt, dann wurde er vom Magistrat zu Berlin an die Friedrichs-Werdersche Kirche berufen.

Auf ihn folgte als Prediger der Schlossgemeinde 1680 Anton Brunsenius, aus Bremen gebürtig. Von Brunsenius, der als Erster den Titel »Curfürstlicher Hofprediger« führte, wird berichtet, er sei als viel gereister Mann mit gelehrten Persönlichkeiten in Deutschland, Holland und England bekannt gewesen wie kaum jemand sonst. Sein Predigeramt habe er zum Vergnügen des Hofes und der ihm anvertrauten Gemeinde rühmlich geführt. Da er vielfach mit dem Hofe abwesend war, wurde 1686 zur Aushilfe Johann Friedrich Scholtz oder Schultze zum Pastor der reformierten Schlossgemeinde berufen. Scholtz hat 1688 im Militärkirchenbuch den Tod des Großen Kurfürsten mit folgenden Worten verzeichnet:

»Den 29. Aprilis, des morgents umb 9 Uhr, ist alhier selig eingeschlaffen, der Durchlauchtigste Grossmächtigste Churfürst und Herr, Herr Friedrich Wilhelm, Unser Gnädigster Herr;

Nachdem S. Churfürstl. Durchl. hochseel. Andenkens gelebet 68 Jahr, 11 Wochen, 6 Tage; Die Churfl. Leiche ward den 6. May des Abendts in aller stille von hier gen Berlin geführt.«

Die Trauerpredigt auf Friedrich Wilhelm hielt Scholtz am 16. September 1688 über 2. Samuel 7–9 in der Schlosskirche, sie wurde später auch gedruckt. Auf Scholtz als Prediger folgten nach dessen Tode 1695 Justus Christian Rötcher oder Rettiger und 1699 Peter Ludwig Hendreich.

Der Sohn und Nachfolger Friedrich Wilhelms, Kurfürst Friedrich III. (1688 – 1713), behielt Potsdam als ständige Sommerresidenz bei, doch verlagerte er die Regierung stärker nach Berlin. Friedrichs vorrangiges Streben galt dem Ziel, König zu werden. Sein Enkel Friedrich der Große hat später kritisch geäußert, der Vorfahr hätte die königliche Würde erstrebt, bevor er wirklich königliche Macht besessen hätte. Der Wunschtraum des Kurfürsten Friedrich ging erst nach jahrelangen Verhandlungen mit dem Kaiser in Erfüllung. Am 18. Januar 1701 fand in Königsberg mit großem Pomp die Krönung statt, als Friedrich I., König in Preußen, kehrte er in die Haupt- und Residenzstadt Berlin zurück. Im gleichen Jahr ließ Friedrich I. auf dem Uffelschen Bollwerk vor dem alten Spandauer Tor den Grundstein für die Berliner Garnisonkirche legen.

Für die lutherische Garnisongemeinde in Potsdam beginnen die im Geheimen Staatsarchiv in Berlin-Dahlem aufbewahrten Militärkirchenbücher im Jahre 1717, in der Regierungszeit Friedrich Wilhelms I., des »Soldatenkönigs«. Auf dem Deckblatt des ersten Bandes steht:

»Kirchen-Buch, darinnen die zu Potsdam in der Guarnison-Kirch durch die Lutherische Prediger Getaufften und Vertrauete aufgezeichnet, angefangen von Philippo Michaelis, ehemaligen Prediger in Archangel und, nachdem derselbe den 8. September 1719 alhier seeligst verstorben, fortgesetzt von Gottfried Hornejus, gebürtig aus Saltzwedel in der Altemarck, Königl. Preuß. Feld- und Guarnison-Prediger, den 3. Oktober 1719.«

Diese Eintragung stammt offensichtlich aus einem späteren Jahr und bei der erwähnten »Guarnison-Kirch« handelt es sich bereits um die erste Potsdamer Garnisonkirche von 1722.

Die erste Garnisonkirche von 1722

Die Residenzstadt Potsdam war erst beim Regierungsantritt Friedrich Wilhelms I. im Jahre 1713 Garnisonstadt geworden. Es war eine der ersten Anordnungen des Soldatenkönigs, sein aus hoch gewachsenen Männern bestehendes Leibbataillon, die »Langen Kerls«, aus der Stadt Brandenburg nach Potsdam zu verlegen. Am Nachmittag des 3. Juli 1713 rückten die »Roten Grenadiere«, wie die Langen Kerls offiziell hießen, von Mittenwalde und Zossen her über die Lange Brücke ein und bezogen in Bürgerhäusern Quartier. Potsdam hatte damals 1 500 Einwohner, das Leibbataillon war 600 Mann stark.

Exerzierplatz wurde der Potsdamer Lustgarten, den der Große Kurfürst als holländischen Zier- und Nutzgarten hatte anlegen lassen. Um ein weiteres und schließlich ein drittes Bataillon der Langen Kerls unterbringen zu können, ließ Friedrich Wilhelm die Stadt Potsdam ausbauen und er holte bauwillige Neubürger als so genannte Quartierwirte teilweise von weit her in die Stadt. So entstanden die erste und die zweite Neustadt. Sein Enkel Friedrich II. übernahm Potsdam 1740 bereits mit 11 000 Einwohnern, die Garnison nicht mitgerechnet.

Als erster Garnisonprediger für die Roten Grenadiere fungierte Feldprediger Friedrich Roloff. Er eröffnete die Reihe der lutherischen Prediger, die fortan neben den reformierten Hofpredigern tätig waren. Später führten auch sie den Titel Hofprediger und es war üblich, dass der lutherische Garnisonprediger zugleich Feldpropst der

Armee war. Prediger der reformierten Schlossgemeinde war zu dieser Zeit Peter Ludwig Hendreich. Er fiel wegen einer 1721 gehaltenen Predigt beim König in Ungnade und wurde nach Frankfurt an der Oder versetzt.

Die Gottesdienste für die Garnisongemeinde fanden zuerst in der Schlosskirche statt, die der Große Kurfürst um 1680 im Nordostflügel des Stadtschlosses hatte bauen

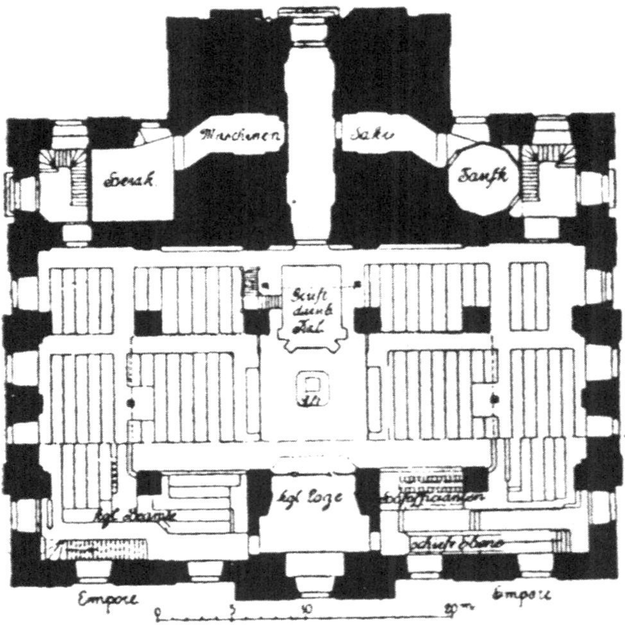

Der Grundriss der Garnisonkirche zeigt, wie massiv das Mauerwerk und wie beherrschend das Turmgeviert geplant wurden.

lassen. Im Jahre 1714 erhielt die Kirche, um zusätzlich Platz zu schaffen, an den Längsseiten doppelte Emporen. Friedrich Wilhelm bewilligte auch eine neue Kanzel mit einem Baldachin, der von Engeln getragen wurde. Trotz des Ausbaus erwies sich die Schlosskirche nach einigen Jahren als zu klein und 1720/21 wurde auf der Kurfürstlichen Freiheit die erste Garnisonkirche gebaut. Im gleichen Jahrzehnt entstanden in Potsdam die St. Nikolaikirche und die Heiliggeistkirche. Die erste Garnisonkirche oder »Garnison- und reformierte Stadtkirche«, wie sie offiziell hieß – weil sie auch einer Zivilgemeinde als Gotteshaus diente –, war ein Fachwerkbau mit rechteckigem Grundriss, in einfacher Bauweise ausgeführt. Das Walmdach trug im Schnittpunkt einen eingeschossigen Turmaufbau, in dem ein Glockenspiel des Holländers de Grave untergebracht wurde. Das Spiel bestand aus 35 Stimmen und hatte ein Glockengewicht von 4 522 Kilogramm.

Friedrich Wilhelm hatte die berühmten »Carillons« in seiner Jugend bei Besuchen in den Niederlanden kennen gelernt. Ein identisches Spiel von de Grave hatte er schon für die Parochialkirche in Berlin beschaffen lassen. Die Orgel für die erste, kleine Garnisonkirche in Potsdam stammte aus der Werkstatt des berühmten Orgelbauers Joachim Wagner in Berlin. Über den Baumeister der Fachwerkkirche hingegen liegen keine gesicherten Kenntnisse vor.

Entwurfszeichnung für die Petrikirche in Berlin, die lange als Prospektzeichnung für die Potsdamer Garnisonkirche angesehen worden ist.

Die Einweihung der Kirche mit ihren umlaufenden doppelstöckigen Holzemporen fand am 1. Januar 1722 statt. Es war ein feierlicher Tag für Potsdam. Die Langen Kerls im roten Rock und mit hohen Blechmützen zogen auf. Der Monarch trat als Pate für das Kind eines gemeinen Soldaten ans Taufbecken. Das erste an diesem Tage getaufte Kind des Soldaten Hermes erhielt – nach dem König – den Namen Friederike Wilhelmine. Königin Sophie Dorothea schenkte der Garnisongemeinde eine aus rotem Damast gewirkte und reich geschmückte Altardecke.

Auf ausdrücklichen Wunsch Friedrich Wilhelms fanden in der Garnisonkirche gemeinsame Gottesdienste für die kleine reformierte Hofgemeinde einschließlich der Königsfamilie und das überwiegend lutherische Militär statt. Der Hofprediger und der lutherische Garnisonprediger wechselten einander in der Predigt ab. Es blieb aber bei der gesonderten Feier des Abendmahls von Reformierten und Lutheranern. Eingepfarrt wurden der westlich der Kirche gelegene Stadtteil Am Kiez sowie die reformierten Bewohner der nahe gelegenen Mammonstraße, der Breiten und der Priesterstraße. Sie bildeten mit den Angehörigen der Schlossgemeinde die Zivilgemeinde.

Friedrich Wilhelm hat sein Patronat über die Potsdamer Garnisonkirche in unmittelbarer Weise ausgeübt. Er berief ausschließlich Prediger, die sein persönliches Vertrauen besaßen; einen Tag nach der Einweihung, am 2. Januar 1722, schrieb er eigenhändig das Reglement. Die Reformierten sollten acht Mal im Jahr Abendmahl halten, die Lutherischen alle Sonntage und Festtage, aber stets nur in der Kirche nach der Predigt. Lediglich Kranken sollte das Abendmahl ausnahmsweise noch im Lazarett oder im Hause gereicht werden dürfen. Kindtaufe und Trauung durften ebenfalls nur noch in der Kirche stattfinden. Die Prediger wurden angewiesen, am Donnerstag, dem 15. Januar 1722, mit Wochenpredigten zu beginnen. Ausdrücklich legte der König fest, dass die Predigten gehalten werden müssten, auch wenn zunächst niemand käme. Den Schulmeister und den Küster wies er an, bei den Gottesdiensten den Klingelbeutel herumzutragen: was eingenommen werde, sollte für die Armen bestimmt sein.

Wie in Berlin entstand in Potsdam mit der Kirche zugleich eine Garnisonschule. Die Schule galt als vortreffliche Anstalt und hat bis 1876 bestanden. Alle Männer, die an einem Feldzug teilgenommen hatten, später alle, die mit dem Zivilversorgungsschein aus der Armee entlassen worden waren, hatten das Recht, ihre Kinder in die Garnisonschule zu schicken. Der Besuch war nicht mit Kosten verbunden, auch die Lehrmittel waren frei. Der jeweilige Kommandant, der Hofprediger und der Garnisonprediger bildeten das Kuratorium, Organist und Küster waren zumeist Lehrer an der Garnisonschule. Der Rektor bezog einen Teil seines Gehalts aus dem Ertrag des Klingelbeutels.

Auch das Militär-Waisenhaus, das der König 1722 am Kanal hatte bauen lassen, war der Garnisongemeinde verbunden. Die beiden Prediger wurden zu Visitatoren des Waisenhauses bestellt, die Waisenhausprediger hatten ihrerseits dem Hofprediger und dem Garnisonprediger bei der Ausübung des geistlichen Amtes zu assistieren. Das

Militär-Waisenhaus wurde 1771–1777, unter der Regierung Friedrichs des Großen, abgerissen und durch einen massiven Neubau mit einer auffallenden Tempelkuppel des Architekten Gontard ersetzt. Die Gottesdienste für die Waisenkinder fanden in der Garnisonkirche statt, jeden Sonntag von 8 bis 9 Uhr.

1728 erließ Friedrich Wilhelm I. ein strenges Reglement auch für Hochzeitsfeiern, Kindtaufen und Begräbnisse in der Garnisongemeinde. Zu Hochzeiten ließ er nur noch Väter und Mütter sowie Brüder und Schwestern der Braut und des Bräutigams, darüber hinaus höchstens vier Fremde als Gäste zu, keine Schwager und anderen Verwandten. Auch durften Hochzeitsfeiern nicht länger als einen Tag dauern. Bei Kindtaufen waren nur noch vier Gevattern zugelassen und es durfte kein Gastmahl mehr stattfinden, sondern lediglich eine Mahlzeit gereicht werden. Weder Musik noch Tanz waren bei Kindtaufen erlaubt. Bei Begräbnisfeiern schließlich waren auch Essen und Trinken nicht gestattet. Es hätte alles ehrbar und still zuzugehen und die Prediger mit Ernst darauf zu achten, dass dieser Verordnung alleruntertänigst nachgelebt werde, befahl der König. Neuer Prediger war 1727 Johann Caspar Carstedt geworden, gebürtig aus »Bißmarck in der Alten-Mark«.

Im Mauerwerk der Garnisonkirche zeigten sich nach wenigen Jahren bedenkliche Risse. Infolge schlechten Baugrundes hatte sich das Mauerwerk gesenkt und schließlich war der Einsturz zu befürchten. Im Sommer 1730 wurde zunächst das Glockenspiel heruntergenommen, danach der Turm abgetragen. Im Herbst ordnete Friedrich Wilhelm den völligen Abriss der Fachwerkkirche an und befahl, nach gründlicher Sicherung des Baugrundes an der gleichen Stelle eine größere, massive Garnisonkirche zu errichten. Zum Baumeister berief er Philipp Gerlach, der bereits die erste Nikolaikirche in Potsdam sowie die Berliner Garnisonkirche erbaut hatte.

Die Baugeschichte der Hof- und Garnisonkirche

Philipp Gerlach (1697–1748) entwarf eine Querhausanlage mit einem kräftig gegliederten hohen Turm an der südlichen Längsseite und hohen Rundbogenfenstern. Zur Sicherung des Baugrundes wurden alten Berichten zufolge »Millionen Steine von abscheulicher Größe in den greulichen Abgrund gestürzt« und ungezählte dicke Baumpfähle in den Boden gerammt. Der König selbst legte den Grundstein, war um die Lieferung der Materialien besorgt und drängte auf schleunige Ausführung. Der Bau ging zügig voran und schon im Herbst 1731 konnte der 17 Meter hohe Dachstuhl gerichtet werden.

Der innere Ausbau war im Sommer 1732 vollendet und am 17. August, dem 10. Sonntag nach Trinitatis, konnte die Königl. Hof- und Garnisonkirche in Anwesenheit Friedrich Wilhelms eingeweiht werden. Mit dem Bau des Turms wurde erst danach begonnen. Das Militär war während der Einweihungsfeier um die Kirche aufgestellt und gab während des Liedes »Herr Gott, Dich loben wir« bei jeder Strophe eine Salve ab.

Der reformierte Hofprediger Kochius predigte am Vormittag, der lutherische Garnisonprediger Carstedt bei einer Feier am Nachmittag. Am Einweihungstage fanden zwei Taufen und drei Trauungen statt, entgegen manchen Berichten wurde jedoch kein »Mohr« getauft. Das Kirchenbuch verzeichnet die Taufe von »sieben Mohren« am 12. Dezember des gleichen Jahres. Ihre Väter und Groß-

Eines der Wahrzeichen der Residenzstadt Potsdam: die Königl. Hof- und Garnisonkirche. Stich, um 1840.

väter stammten aus Groß-Friedrichsburg, der Kolonie des Großen Kurfürsten in Afrika. Sie wurden für das Riesengrenadier-Regiment als Querpfeifer und Trommler ausgebildet und waren, nach damaligem Zeitgeschmack, als exotische Zierde für die Langen Kerls gedacht.

Die neue Hof- und Garnisonkirche hatte über 3 000 Plätze und war von Gerlach betont schlicht gehalten worden. Im Innern wurde sie durch acht viereckige korinthische Pfeiler, die die flache Decke trugen, in ein zehn Meter breites Hauptschiff und zwei Seitenschiffe unterteilt. Um die Pfeiler herum führten an den Wänden in zwei Geschossen hölzerne Emporen, deren Brüstungen ursprünglich mit arabeskenartigen Malereien verziert waren. Sie wurden später getäfelt und schließlich nach dem Vorbild russischer Kirchen mit rotem Stoff drapiert. Der Altar, ein einfacher schwerer Tisch, stand anfangs in der Mitte der Kirche, die hölzerne Kanzel war an der nördlichen Längsseite untergebracht. Nach einigen Jahren rückten Altar und Kanzel übereinander an die südliche Längsseite; die Kanzel wurde aus Marmor neu gestaltet. Darüber, in Höhe der zweiten Empore, befand sich die Orgel.

Zur Königsloge, in der auch die Offiziere Platz zu nehmen hatten, bestimmte Friedrich Wilhelm I. den der Kanzel gegenüberliegenden Teil der ersten Empore. Darunter, dem Altar zu ebener Erde gegenüber, befand sich die königliche Damenloge. Von der Einweihung wird berichtet, es seien in der Königsloge mehrere Reihen bequemer Sessel aufgestellt gewesen; Friedrich Wilhelm aber hätte befohlen, sie unverzüglich zu entfernen, denn er sei nicht

Blick in den saalartigen Innenraum der Garnisonkirche. Kirchenschiff und hölzerne Emporen boten 3000 Gläubigen Platz.

gesonnen gewesen, den Offizieren Gelegenheit zu verschaffen, während des Gottesdienstes zu schlafen. Sowohl im Schiff wie auf den seitlichen Emporen der Hof- und

Garnisonkirche dienten ausschließlich hölzerne Bänke ohne Lehnen als Sitzgelegenheit, der König bediente sich, wie in Berlin, eines eigenhändig bemalten Schemels. Erst 150 Jahre später wurden für Veteranen einige Bänke mit Rückenpolstern aufgestellt.

Wenige Tage nach Einweihung der Hof- und Garnisonkirche konnte die neue Orgel in Gebrauch genommen werden. Sie war ein vortreffliches Werk, was die äußere Ausstattung wie den musikalischen Wert des Instruments angeht, und stammte wieder aus der Werkstatt von Johann Joachim Wagner in Berlin. Wagner war damals der bedeutendste Orgelbauer Preußens, ein hervorragender Schüler von Gottfried Silbermann. Silbermann war der wohl berühmteste Spross einer Dresdner Familie von Orgel- und Klavierbauern im 17. und 18. Jahrhundert. Das Werk der alten Fachwerkkirche schenkte Friedrich Wilhelm I. der Gemeinde der ebenfalls nach Plänen von Gerlach errichteten und 1730 eingeweihten Jerusalemer Kirche in der Berliner Wilhelmstadt. Für die neue, größere Orgel schloss er 1731 mit Wagner den folgenden Vertrag:

»Sr. Königliche Majestät in Preußen, Unser Allergnädigster Herr, haben in Gnaden resolviret, durch den Orgelmacher Wagner eine Neue Orgel vor Dero hiesige Guarnison-Kirche bauen zu lassen, worüber Sie nachstehenden Contract allergnädigst aggregiret.

Altar und Kanzel an der südlichen Längsseite des Kirchenschiffs, darüber die Orgelempore.

Liebe Leserinnen und Leser,

wir freuen uns über Ihr Interesse an unserem Verlagsprogramm. Auch in Zukunft möchten wir für Sie wichtige Themen berücksichtigen. Deshalb bitten wir Sie, diese Karte ausgefüllt an uns zurückzusenden.

Diese Karte habe ich folgendem Buch entnommen:

....

Ich interessiere mich für:

- ☐ Alltagskultur
- ☐ Architektur Berlin
- ☐ Bezirksbände Berlin
- ☐ Brandenburg
- ☐ Geschichte
- ☐ Verkehr

be.bra verlag
berlin.brandenburg

Aufmerksam wurde ich auf das Buch durch:

- ☐ eine Buchbesprechung in der Zeitung
- ☐ eine Anzeige
- ☐ eine persönliche Empfehlung
- ☐ Empfehlung meiner Buchhandlung
- ☐ TV/Rundfunk
- ☐ Veranstaltung/Lesung
- ☐ Verlagsprospekt
- ☐ ....

Als Dank für Ihre Mitarbeit verlosen wir unter den Einsendern pro Monat ein repräsentatives Buch aus unserem Programm. Der Rechtsweg ist ausgeschlossen.

bücher auf den ● gebracht

Absender

Name

Vorname

Straße

PLZ/Ort

Alter Beruf

Karton aus 100% Altpapier

Bitte als
Postkarte
freimachen

Antwort

be.bra verlag GmbH
Abteilung Vertrieb
KulturBrauerei Haus S
Schönhauser Allee 36

10435 Berlin

1. Sr. Königliche Majestät wollen dem Wagner gewähren für sothane Orgel an Gelde dreytausend und dreyhundert Rthlr. in drey Terminen bezahlen zu lassen, nemlich sogleich itzo zu Anschaffung derer Materialien 1000 Rthlr. gegen Ostern 1732 wiederum 1000 Rthlr. und den 1. September 1732 den Rest mit 1300 Rthlr. Wobey Sie demselben, wegen der Mahler Arbeit und Vergüldung dero in der Berlinischen Schloß Kapelle befindliche Orgel ohnentgeldlich überlassen.

2. Hiergegen verspricht der Orgelbauer Wagner, die neue Orgel für solchen Preis gut, tüchtig und probemäßig zu lieffern, und zwar nach dem übergebenen Riss und Disposition; dergestalt, daß die Orgel den 1. September 1732 völlig fertig ist.

3. Er verspricht auch die Sculptur und Mahler Arbeiten auch Vergüldung, sauber und schön auff seine Kosten machen zu lassen, auch die Orgel mit einem guten Klockenspiel zu versehen.

L. S. gez. Friedrich Wilhelm
L. S. gez. Joachim Wagner
So geschehen Potsdam 14. August 1731
Contract mit dem Orgelmacher wegen der
Orgel vor die Potsdamsche Guarnison-Kirche.«

Wagner erfüllte den Kontrakt zur vollen Zufriedenheit des Königs. Die Orgel erhielt 42 klingende Stimmen, die auf drei Manuale und ein Pedal verteilt waren. Das kleine Glockenspiel aus Bronze war vom Pedal aus spielbar. Am

8. Mai 1747 soll Johann Sebastian Bach, der Gast Friedrichs des Großen im Musikzimmer des Stadtschlosses gewesen war, die Orgel gespielt und sie »ein prächtig Werk« genannt haben. Die Schauseite war architektonisch reich gegliedert und zeigte neben kriegerischen Emblemen allerlei Nebenwerk, auch Pauken schlagende Engel, Adler mit mächtigen, geöffneten Schwingen und sich drehende Sonnen. Diese beweglichen Figuren besaßen ein Uhrwerk, das vom Organisten eingeschaltet werden konnte. Der mittlere Pfeifenturm der Orgel lief in eine vergoldete Krone mit dem Namenszug des Königs aus. Der Wahlspruch der preußischen Könige: Non soli cedit oder, wie es auch hieß, Nec soli cedit (Selbst der Sonne weicht er nicht), mit dem Bilde des zur Sonne fliegenden Adlers kehrte hier – wie im Kirchensiegel – wieder. Über der Klaviatur war eine verzierte Kartusche mit einer dem 113. Psalm, Vers 2, entnommenen Inschrift angebracht: »HaLLeLVIah! GeLobet seIJ Des Herrn NaMe Von nVn an bIs In EVVIgkeIt.« Die den römischen Zahlen nachgebildeten Buchstaben ergeben die Jahreszahl 1732, das Jahr der Einweihung.

Die Errichtung des fast 90 Meter hohen Turms an der südlichen Längsseite der Hof- und Garnisonkirche wurde nach der Einweihung der Kirche mit Vorrang betrieben und in ihn legte Philipp Gerlach alle Pracht des Bauwerks. Friedrich Wilhelm I. mahnte auch hier zur Eile und besuchte mehrfach die Baustelle, um sich vom Fortgang der Arbeit zu überzeugen.

Von einem dieser Besuche ist die Anekdote überliefert, Leutnant von Rochow auf Plessow habe es – als der Turm soweit fertig war, dass die Gerüste fallen mussten – einzurichten gewusst, vom König dabei angetroffen zu werden, wie er die Leiter hinunterstieg. Friedrich Wilhelm fragte den Leutnant, was er dort oben suche, und Rochow antwortete, er hätte gerade überschlagen, ob er aus dem Erlös des Holzgerüsts wohl den Bau eines Wirtschaftsgebäudes bestreiten könne. Ob er das Gerüst denn kaufen wolle, fragte der König weiter, und der Leutnant erwiderte, er wollte wohl, hätte aber nicht viel Geld. Jetzt wollte Friedrich Wilhelm wissen, was Rochow denn wohl geben könnte, und er erhielt zur Antwort, es seien nicht mehr als 300 Taler in der Kasse und dafür könne man das Gerüst wohlfeil nicht verlangen. Der König entgegnete, Rochow solle es dennoch um diesen Preis haben, weil er ein umsichtiger Wirt wäre. Und das war so gut wie ein Geschenk.

Als 1735 das Gerüst fiel, wurde sichtbar, dass Gerlach sein architektonisches Meisterstück geliefert und Potsdam ein Wahrzeichen von hervorragender Schönheit und Mächtigkeit gewonnen hatte. Weithin zu sehen war der Turm mit seinen vier sich verjüngenden Geschossen und dem kupfernen Kuppeldach. Die herausragenden Bauglieder waren aus Werkstein gefertigt, die glatten Flächen mit Kalkmörtel verputzt und sandfarben gestrichen. Hohe Rundbogenfenster lockerten das mächtige Bauwerk architektonisch auf. Für das unterste Geschoss mit dem Hauptportal zur Breiten Straße hin hatte Gerlach einen rechteckigen Grundriss gewählt. Das Hauptportal war in barockem Stil gehalten und von Trophäenkompositionen umgeben. Über der Turmtür stand in goldenen Buchstaben:

35

FRIDERICH WILHELM
KÖNIG IN PREUSSEN
HAT DIESEN THURM NEBST DER GUARNISON-
KIRCHE ZUR EHRE GOTTES ERBAUEN LASSEN

Die Wetterfahne auf dem Kuppeldach mit Königskrone, Sonne, Preußenadler und den Initialen FWR nach dem Gründer, König Friedrich Wilhelm I.

Im Giebelfeld darüber befand sich der verschlungene Namenszug Friedrich Wilhelms auf einer Kartusche. Das zweite Turmgeschoss wurde im Osten und Westen von zwei Säulen flankiert. Erst das dritte Geschoss hatte quadratischen Grundriss. Der oberste Absatz dieses Geschosses war aus Eichenholz konstruiert und trug eine Galerie, deren Ecken mit Trophäengruppen aus getriebenem Kupfer geschmückt waren. Besucher hatten von hier aus bei schönem Wetter einen weiten Rundblick über die Havellandschaft. Unterhalb der Galerie befanden sich die Zifferblätter der Turmuhr, die einen Durchmesser von 2,30 Meter hatte. Die Turmuhr zeigte nur die Stunden an, ein Minutenzeiger fehlte.

Im vierten, von Pfeilerbündeln begrenzten offenen Turmgeschoss wurde das Glockenspiel aufgehängt. Die Pfeilerbündel trugen das Kuppeldach und die in eine Wetterfahne auslaufende Spitze. Auf dem Kuppeldach ruhte zunächst auf einem Kissen eine in Kupfer getriebene, vergoldete Krone mit Reichsapfel und Kreuz. Daraus ragte als Wetterfahne eine drehbare, zehn Meter lange und im Innern der Kuppel verankerte Eisenstange von 14 Zentimeter Durchmesser hervor. Sie trug an ihrer äußersten Spitze eine aus Kupfer gefertigte Sonne von 2,40 Meter Durchmesser. Darunter waren auf einer eisernen Querstange von etwa 5,20 Meter Länge auf der einen Seite ein kupferner Adler, auf der anderen Seite der vergoldete Namenszug des Königs und zum Ausgleich des Gewichts eine alte Kanonenkugel angebracht. Der Namenszug war 2,25 Meter hoch und bezeichnete die Richtung, aus der der Wind wehte. Mit allem Zubehör war die Wetterfahne 24 Zentner schwer.

Das holländische Glockenspiel

Die Einrichtung des Glockenspiels im neuen Turm hatte der aus Holland stammende Glockenspielmacher Arnoldis Carsseboom übernommen. 1734 ließ er zu den 35 Glocken des alten Spiels bei J. P. Meurer in Berlin fünf Bassglocken C, D, E, Fis und Gis gießen. Die Bassglocken wogen zusammen 113 Zentner, mehr als das alte Spiel zusammen. Insgesamt war das Glockenspiel jetzt 203 Zentner schwer. Es war im »F-Cornet-Ton« gehalten und einen Ton tiefer angelegt als das der Parochialkirche in Berlin. Gegen Meurer waren Bedenken vorgebracht worden; das von ihm gefertigte Spiel der Parochialkirche hatte in Holland umgegossen werden müssen, doch goss er die fünf Bassglocken für die Hof- und Garnisonkirche ohne Fehl.

Meurer fertigte auch eine neue bronzene Spielwalze an, die einen Durchmesser von 1,85 Meter hatte, 90 Zentimeter breit war und 26 Zentner wog. In die Walze wurden 5 280 Taktlöcher gebohrt und es heißt, allein für diese Arbeit hätten sechs Personen ein halbes Jahr gebraucht. In die Taktlöcher waren Stahlstifte in 16 verschiedenen Größen einzusetzen und im Innern der Walze festzuschrauben. Wenn sich die Walze, durch ein Bleigewicht von mehreren Zentnern in Bewegung gesetzt, drehte, griffen die Notenstifte in eine Klaviatur und brachten über Hebel, Winkel und Drähte zustande, dass Hämmer an die Außenseiten der Glocken schlugen.

Der Guss der Bassglocken, die Anfertigung des Gestühls an der höchsten Stelle der Turmbefreiung und die

Blick vom Neustädter Tor mit seinen beiden Obelisken auf den alles überragenden, 90 Meter hohen Turm der Garnisonkirche.

Einrichtung des Werkes nahmen zwei Jahre in Anspruch. Carsseboom erhielt 6723 Taler dafür, an Meurer zahlte der König 4710 Taler für die Glocken und 1680 Taler für die Spielwalze. Aus der Geschützgießerei wurden Meurer Kupfer und Zinn im Gewicht von 127 Zentner zugeliefert. Am Gelde sollte es nicht »manquiren«, hatte Friedrich Wilhelm versprochen.

Schon das erste Glockenspiel hatte die Zuhörer entzückt und war von Bellamintes (hinter diesem Pseudonym verbarg sich der Diakon George Belitz) 1727 in seinem Werk »Das itzt-blühende Potsdam« besungen worden:

»Hat schon Delft ein Glocken-Spiel zu weisen,
So man das trefflichste von ganz Europa nennt;
Weiß Mecheln ebenfalls das seinige zu preisen,
Dem man den nächsten Platz nach jenem zuerkennt;
Ist das zu Friedrichsburg nicht weniger zu loben,
Weil die Veränderung desselben mancherlei:
So bleibet doch der Ruhm vor dieses aufgehoben,
Daß es, der Anmut nach, fast unvergleichlich sei.«

Das neue, größere Spiel in 65 Metern Höhe mehrte diesen Ruhm. Friedrich Nikolai schrieb 1786 in seiner Beschreibung der Königlichen Residenzstädte Berlin und Potsdam: »Das Glockenspiel ist eins der schönsten in Europa und hat weit größere und stärkere Glocken als das auf der Parochialkirche in Berlin.«

Die Bassglocken erlaubten eine ausgiebigere Tonfolge, die neue Spielwalze ermöglichte größere Abwechslung in der Liedfolge. Die wichtigste Neuerung aber war die von Carsseboom konstruierte Handklaviatur für das freie Spiel. Das Handklavier machte es möglich, unabhängig von der Mechanik Lieder nach freier Wahl zu spielen und beliebige Sätze zu improvisieren. Es bestand aus zwei Reihen gedrechselter Stäbe, die mit der Faust herunterzuschlagen waren, sowie aus einem Fußpedal und war in einer kleinen Spielkammer unter dem Glockenchor untergebracht. Beim freien Spiel wurden die Glocken nicht von außen mit Hämmern, sondern von innen mit Klöppeln angeschlagen. Dadurch klangen die Töne weicher. Das Spiel auf dem Glockenklavier erforderte vom Glockenisten große Kraft, Geschicklichkeit, Taktgefühl und Konzentration.

Eine hölzerne Tafel in der Spielkammer bezeugte:

»Se. Königl. Majestät Friedrich Wilhelm, König in Preußen, haben den 2ten August 1735 in höchst eigener Persohn den hiesigen Garnisons-Kirchenthurm, welcher 365 Stufen hat, hinauf zu steigen und das Glockenspiel wie auch die Orgel in der Kirche, mit allergnädigster approbation, in hohen Augenschein zu nehmen, sich allergnädigst gefallen lassen; den folgenden Tag haben des Kron-Printzens Königl. Hoheit, ein gleiches gethan.«

Auf dem mechanischen Spiel erklang von Anfang an zu jeder vollen Stunde ein geistliches, zur halben Stunde ein weltliches Lied. In den ersten Jahrzehnten wurden die Stundenlieder häufig gewechselt, wie es in Holland, dem Land der Glockenspiele, üblich war. Der Organist Baltin hat, als er 1849 sei Amt antrat, Notenblätter von 110 für das mechanische Spiel gesetzten Weisen gefunden. Carsseboom und einige andere holländische Meister hatten sie gesetzt, einzelne Blätter trugen holländische Überschriften. Es waren Choräle, Psalmodien und Arien, aber auch damals übliche Tanzweisen wie Sarabanden, Menuette, Gavotten, Bourrées, Rigandons, Couranten, Bourlesken, sogar Scherzi.

Nach Verklingen des Stundenliedes zeigte die Glockenuhr die jeweilige Stunde durch Anschlagen der größten Glocke C, die halbe Stunde durch die Glocke F an. Zum ersten Viertel ertönte ein abwärts gehender, zum dritten Viertel ein aufwärts gehender Lauf.

Auf dem Handklavier wurde nur an festlichen Tagen vom jeweiligen Organisten gespielt, wobei das Hofmarschallamt in der Regel Zeitpunkt und Liedfolge festlegte. Der Organist war auch für die Stundenlieder verantwortlich, während Pflege und Unterhalt der Mechanik einem Uhrmacher oblagen, wofür der Magistrat der Stadt Potsdam eine Entschädigung zu zahlen hatte.

Als nach dem Tode Friedrich Wilhelms der Magistrat versuchte, sich dieser Verpflichtung zu entledigen, entschied Friedrich II. in einer Kabinettsordre vom 7. August 1742, dass weiter zu zahlen sei, »da das Glockenspiel zum lustre und Zierde der Stadt gereiche und überdies die Kämmerei der Stadt von des höchstseligen Königs Majestät so reich dotiret worden«. Aus der Ordre geht hervor, dass der damalige Organist Lossow hieß; sein Nachfolger wurde 1757 der Garnisonschullehrer Christoph Petzoldt.

In einem Bericht, der vermutlich aus der gleichen Zeit stammt und in den Mitteilungen des Vereins für die Geschichte Potsdams zitiert ist, heißt es über das Glockenspiel:

»Es befindet sich auf dem Turm an der schönen Glockenuhr, die alle vierthel, halbe und gantze Stunden schlaget, und nebst dem Stundenzeiger, der sich auf allen Seiten sehen lässet, auch ein gantz unvergleichlich Glockenspiel, welches der jedesmahlige Organist der Kirche zu spielen und ›selbst spielen zu lassen‹ verstehen muss, weil es in seinem Amte mit gehöret. Es bestehet aus vielen großen und kleinen Glocken, welche durch starken Draht an einer unterwärts verschlossenen Waltze in solcher Ordnung befestigst werden können, daß, wenn die Waltze im umdrehen die gehörige Stellung bekommet, die verlangten Töne in schönen Liedern und ›Notetten‹ sich auf eine angenehme und taktmässige Weise hören lassen, welches alle Stunde, halbe und vierthel Stunde geschiehet, bey jeder Zeitveränderung, nachdem es fröhliche oder traurige Begebenheiten sind, ein neues Stückchen mit Vergnügen hören lässet. – Es ist ausserdem, um allerhand zu aller Zeit spielen zu können, ein Claviatur von gedrechselten runden und starken Stäben, welche ihre Verbindung mit den Glocken haben, angelegt, auf welchem der Direktor des Glockenspiels, wenn er Lust dazu hat, oder der König es befiehlet, mit voller Faust, wie auf dem Clavier und Orgel mit den Fingern und Füßen spielen kann was er will.«

Sieben Organisten haben zugleich als Glockenisten an der Hof- und Garnisonkirche gewirkt, woraus auf jeweils sehr lange Amtszeiten zu schließen ist. Letzter Organist und Glockenspieler war Prof. Otto Becker, der sein Amt am 1. Juli 1910 antrat, nachdem er seinen Vorgänger Baltin schon mehrfach beim Orgelspiel vertreten hatte. Becker hat das Amt 35 Jahre lang ausgeübt, hat unter 15 Pfarrern amtiert, bis die Kirche 1945 zerstört wurde. Nahezu jeder Potsdamer kannte den kleinen Professor mit dem schwarzen Hut und der großen schwarzen Aktentasche, die beim Tragen fast auf dem Boden schleifte. Über seine Vergesslichkeit und Zerstreutheit gab es etliche Anekdoten und er war bekannt für seine drastischen Wortspiele. Am Ende waren der Musiker Becker und die Potsdamer Hof- und Garnisonkirche für viele Potsdamer eins geworden.

Die Königsgruft und ihre Särge

Friedrich Wilhelm I. bestimmte die Hof- und Garnisonkirche zu seiner letzten Ruhestätte und ließ mehrere Entwürfe für eine Gruftkammer anfertigen. Ein Modell des Baukondukteurs Feldmann, bei dem der Gruftraum mit dem Kanzelaufbau architektonisch als Einheit gestaltet war, fand 1734 seine Zustimmung. Die Gruft musste ebenerdig angelegt werden, weil die dicken Grundmauern ein Versenken in die Erde nicht zuließen. Am 21. Januar 1735 genehmigte Friedrich Wilhelm den zur Ausführung des Modells aufgestellten Kostenanschlag von 19 239 Taler 18 Groschen, der durch Einsparungen noch um 1 406 Taler verringert wurde. Mit der Ausführung beauftragte er die Hofbildhauer Koch und Glume sowie den Steinmetz Angermann. Der eigentliche Gruftraum war ein einfacher, niedriger, mit einem Kreuzgewölbe versehener Raum, kaum drei Meter im Quadrat.

Glanzvoll und mächtig war dagegen die Schauseite mit dem barocken Kanzelaufbau, in verschiedenfarbigem Marmor ausgeführt. Vier rötlich braune Säulen mit korinthischen Kapitellen bildeten den seitlichen Abschluss, in drei Meter Höhe sprang die Kanzel aus carrarischem Marmor aus der grauen Gruftwand hervor; an der Kanzelbrüstung prangte der zur Sonne fliegende Adler im Relief. Zwei Adler aus weißem Marmor mit Krone, Zepter und Reichsapfel schmückten den Schalldeckel, darüber erhob sich das altkirchliche Symbol der Allgegenwart Gottes: die goldene Sonne im Strahlenkranz mit dem Auge. Eine Gittertür von

Ein Bauensemble von außergewöhnlicher Schönheit: Garnisonkirche und Königliches Stadtschloss vor der Zerstörung im April 1945.

vergoldeten Stäben verschloss hinter dem Altar den Eingang zur Gruft. Seitlich wurden marmorne Statuen aufgestellt – des römischen Kriegsgottes Mars und der Minerva, Schutzherrin der Handwerker, Künstler, Lehrer und Ärzte. Die Statuen erhielten später ihren Platz auf der Marmortreppe des Stadtschlosses. Der Zugang zur Kanzel führte über das Gewölbe.

Am 3. Juli 1734 beauftragte Friedrich Wilhelm den Geheimen Etatminister von Massow, Gesandter in Schweden, den Preis zweier Särge für sich und die Königin Sophie Dorothea zu ermitteln. Er schrieb dem Gesandten:

»Da Ich weiss, dass in Schweden oder der Insel Gotland eine Arth von Vestem schwartzen und Weissen Stein sich findet, der den Marmor nicht ungleich ist, So sollet Ihr Mir berichten, ob Ich nicht von dergleichen Stein 2 Särge, einen Weissen und einen Schwartzen, worin andere Zinnerne oder Silberne Särge gesetzet werden können, bekommen kann und was ohngefähr ein solcher steinerner Sarg kosten würde. F. W.«

Massow bat den König, solche Gedanken fallen zu lassen, und sandte statt der gewünschten Auskunft beste Wünsche für die Gesundheit. Darauf wurde in einem Schreiben vom 17. Juli 1734 der Auftrag erneuert und ein Aufriss über Form und Größe der Einsatzsärge zugefügt: »Es müssten also die steinernen Etwas grösser sein«, erläuterte Friedrich Wilhelm, »damit die anderen darin Raum haben. Es sollen auch keine Zierrathen daran seyn, sondern gantz schlicht und eben und oben kommt ein Deckel, der ganz platt sein soll. Ihr sollet diese Sache äusserst pressiren und Mir melden, Wie bald sie in Stettin seyn können.«

Jetzt schickte Massow Proben von schwedischem Marmor, der König entschied sich für eine davon, drängte noch einmal, dass »die Särgers noch vor Winter ankommen« – und wandte sich zugleich in dieser Angelegenheit an den Gesandten Luiscius in Holland. Sobald Luiscius schrieb, dass er einen Bildhauer gefunden habe, der bereit wäre, in Holland zwei Särge aus schwarzem Marmor für 1000 Gulden anzufertigen, wies der König ihn an, den Kontrakt abzuschließen und die Arbeit auf das Äußerste zu beschleunigen. Seine Geduld wurde noch einmal auf eine harte Probe gestellt, bis die Sarkophage endlich am 7. Juni 1735 auf dem Wasserwege über Hamburg in Potsdam ankamen und in die Gruft gestellt werden konnten.

Friedrich Wilhelm I. starb am 31. Mai 1740 nach langem, schwerem Leiden. Vier Tage vorher hatte er sich in den Wagen heben und von Berlin nach Potsdam bringen lassen. »Adieu Berlin – in Potsdam will ich sterben«, soll er gesagt haben. Am Vormittag des Sterbetages um 11 Uhr legte er in Gegenwart seiner Minister die Regierung zu Gunsten Friedrichs nieder und nannte diesen seinen guten Sohn. Er ließ einen Sarg von Eichenholz ins Sterbezimmer bringen und ordnete noch Einzelheiten der Beisetzung an: Man solle nicht viel Umstände machen, ihn in seiner Uniform in den Sarg legen und mit militärischem Anstand in die Garnisonkirche überführen. Die Grenadiere sollten die Eskorte machen, dreimal feuern, aber nicht »plackern«! Und sie sollten ihr Biergeld haben.

Nachmittags um 15 Uhr verschied der Soldatenkönig. In einem Zimmer des Schlosses wurde er im Eichensarg »in Parade« gestellt, das heißt, er wurde, in Staatskleider gehüllt, im offenen Sarg aufgebahrt für Defilees der Hofbeamten wie von Repräsentanten der Landesteile und Fürstenhäuser. Nach vier Tagen, am 4. Juni abends um 22 Uhr, wurde er bei Fackelbeleuchtung von zwölf Hauptleuten in die Garnisonkirche getragen. Am Eingang der Kirche erwarteten die Prediger Kochius und Oesfeld den Sarg. Oesfelds Predigten hatte Friedrich Wilhelm zuletzt besonders gern gehört, er hatte sie munter und erbaulich

Im vierten, von Pfeilern begrenzten offenen Turmgeschoss, hing das holländische Glockenspiel. Im Vordergrund die »Lampenträger« auf der Breiten Brücke.

genannt. Für ein kurzes Gebet nur wurde der Sarg auf dem Altartisch niedergestellt und dann in die Gruft getragen und in den Marmorsarkophag gesetzt.

Auf die stille Beisetzung folgte am 22. Juni auf Anweisung des jungen Königs ein feierliches und prächtiges Leichenbegängnis. Friedrich beauftragte den Berliner Baumeister Knobelsdorff, das Trauergepränge zu besorgen. Ein Paradesarg wurde zunächst im Stadtschloss aufgestellt und in einem großartigen Trauerkondukt zur Garnisonkirche übergeführt. Die Kirche war ganz mit schwarzem Tuch ausgeschlagen und wurde nur durch gläserne Lampen erhellt. Vor dem Altar hatte man ein Trauergerüst errichtet, auf dem der Sarg abgesetzt wurde. Die Trauerversammlung sang, sobald König Friedrich in der Kirche Platz genommen hatte, das von Friedrich Wilhelm selbst erwählte Lied: »Wer nur den lieben Gott läßt walten.« Darauf folgte eine lateinische Trauerkantate und der Paradesarg wurde feierlich in die Gruft getragen.

Der für die Königin Sophie Dorothea bestimmte zweite Marmorsarkophag wurde 1757, im Sterbejahr der Königin, aus der Gruft der Garnisonkirche in die Domkirche nach Berlin übergeführt. Dort ist die Königin auf ihren Wunsch beigesetzt worden.

Friedrich II. war kein Kirchgänger wie der Vater. Es ist nicht gewiss, ob er nach dem Leichenbegängnis für Friedrich Wilhelm die Hof- und Garnisonkirche in den 46 Jahren seiner Regierung noch jemals betreten hat. Aus einem Brief, den er am 6. November 1747 an den Feldpropst Decker schrieb, geht hervor, dass er sich den Patronatsverpflichtungen aber nicht entzog. Zu diesen Verpflichtungen gehörte es, für die Bedürfnisse des Gottesdienstes, also auch für Wein und Brot, aufzukommen. Friedrich schrieb:

»Würdiger, lieber Getreuer. Ich habe aus Eurem Schreiben vom 30ten vorigen Monaths ersehen, was Ihr wegen des Communions-Weins, so die hiesige Guarnison-Kirche noch schuldig ist, auch fürs Künftige noch ferner gebrauchen wird, vorstellen wollen. Es ist solches gut. Ich habe es nicht gewußt, und Ihr habt es nicht erinnert. Die 41 Thaler 6 groschen so die Kirche für dergleichen Wein biß zum 29ten vorigen Monaths schuldig ist, sollen aus den Keller-Geldern bezahlet, auch der Wein hinfüro aus Meiner Kellerey gegeben werden, und habt Ihr Euch deshalb nur bey den Geheimten Cämmerer Fredersdorff zu melden. Ich bin Euer wohlaffectionirter *Friedrich.*«

Friedrich II. starb in der Nacht zum 17. August 1786 um 2 Uhr 20 Minuten in selbst gewählter Einsamkeit in Sanssouci. Sein Neffe und Nachfolger Friedrich Wilhelm II. erschien im Sterbezimmer und legte die Einzelheiten der Beisetzung fest; dabei setzte er sich über Wünsche des Toten, wohl aus Gründen der Staatsräson, hinweg. Friedrich wurde in einen Sarg gelegt, der mit Wachsleinwand bezogen und mit weißem Atlas gefüttert war. Dieser Innensarg stand in einem gelb gebeizten, mit schwarzen Juchten ausgeschlagenen Eichensarg. Am Abend gegen 21 Uhr wurde der »Alte Fritz« auf einem Rüstwagen, der mit acht braunen Pferden bespannt war, in das Stadtschloss gebracht. Dort lag er den folgenden Tag im Audienzzimmer unter einem Baldachin in Parade. Er trug die blausamtene Uniform, über der linken Schulter das Band des Schwarzen Adler-Ordens mit Stern. Das Haupt war etwas nach rechts gewendet, die rechte Hand auf dem schwarzen Hut mit der weißen Plume. Auf einem Tabouret am Fußende lagen Stock, Degen und Schärpe.

Mittags von 12 bis 1 Uhr läuteten in Potsdam die Glocken. Das Glockenspiel der Garnisonkirche war gehemmt

Der Kirchturm mit den Insignien des Staates und Herrscherhauses von der Plantage gesehen, mit dem Standbild Friedrichs des Großen.

worden und als neue mechanische Stundenlieder wurden die Sterbelieder »Freue dich sehr, o meine Seele« und »Ach, wie nichtig, ach, wie flüchtig« gesetzt. Der Organist Petzoldt spielte auf dem Glockenklavier den Choral »Alle Menschen müssen sterben«.

Am Abend gegen 20 Uhr wurde Friedrich beigesetzt, nicht auf der Terrasse von Sanssouci, wie er es gewünscht hatte, sondern an der Seite des Vaters in der Königsgruft der Hof- und Garnisonkirche. Acht Schimmel, das Leibgespann des Königs, zogen den Leichenwagen, Vertreter des Hofstaates und die Offiziere der Garnison gaben ihm das Geleit. In der Garnisonkirche brannten 800 Wachslichte und 50 weißblecherne Blaker. Am Eingang empfingen Hofprediger Bamberger und Feldpropst Kletschke den Zug. Petzoldt spielte auf gedämpfter Orgel »Dein sind wir, Gott, in Ewigkeit«, zwölf Unteroffiziere hoben den Sarg vom Wagen, zwölf Hauptleute trugen ihn in die Gruft und setzten ihn zur linken Seite Friedrich Wilhelms nieder. Ein Unteroffizier namens Kurz, der Friedrich während der ganzen Regierungszeit gedient hatte, hielt über Nacht die Ehrenwache.

Nach zehn Tagen lieferte der Gießermeister Michaud aus Berlin einen Sarg aus feinem englischen Zinn. Der Sarg wog vier Zentner 51 Pfund und war sieben Fuß lang. Auf Rollen wurde er am Morgen des 30. August in die Gruft gebracht, dann wurde der Eichensarg hineingesetzt und der Zinnsarg verlötet.

In seinem Testament vom 5. Januar 1769 hatte Friedrich festgelegt: »Ich habe als Philosoph gelebt und will auch als solcher begraben werden, ohne Prunk, ohne Pracht, ohne Pomp. Ich will auch weder geöffnet noch einbalsamiert werden. Man setze mich in Sanssouci bei, oben auf den Terrassen in einer Gruft, die ich mir habe bereiten lassen.« Die Gruft auf der Terrasse bestand seit 1744, dem vierten Jahr seiner Regierung. Als Friedrich starb, entsprach sie in ihrem baulichen Zustand nicht der Würde einer königlichen Grabkammer, zudem hatte der König gegenüber seinem Nachfolger keinerlei Anordnungen für die Beisetzung getroffen. So konnte an der Ernsthaftigkeit des zwei Jahrzehnte früher geäußerten Wunsches gezweifelt werden. Die Hof- und Garnisonkirche zu seiner Ruhestätte zu bestimmen war ein nahe liegender Gedanke, nachdem der für die Königin Sophie Dorothea bestimmte Platz frei geblieben war. Die Entscheidung musste schnell getroffen werden; im August 1786 herrschte eine trockene Hitze, auch ließ die lange Dauer der Krankheit eine schnelle Auflösung des Körpers befürchten. Friedrich lag deshalb nur einen Tag in Parade und wurde schon 42 Stunden nach Eintritt des Todes beigesetzt.

Auf die stille Beisetzung folgte am 9. September 1786 eine ähnlich prunkvolle offizielle Trauerfeier, wie sie Friedrich selbst seinem Vater bereitet hatte. Solche Paradefeiern für Fürsten waren damals Brauch, um Zeit für umfassende Vorbereitungen zu gewinnen und auswärtigen Trauergästen Zeit für die Anreise zu gewähren. Friedrich Wilhelm II. äußerte: »Weniger kann und darf ich nicht tun, als mein seliger Onkel an Friedrich Wilhelm I. getan hat; aber ein Mehreres zu tun, das steht in meiner Gewalt.«

Alte Leute, die sich noch an das Trauergepränge von 1740 erinnerten, wurden nach Einzelheiten befragt. Danach begannen wochenlange Vorbereitungen im Stadtschloss und in der Garnisonkirche. Im Schloss wurden drei große, aneinander grenzende Säle zu Trauergemächern umgewandelt. Der Paradesarg stand auf einem Katafalk unter einem Baldachin aus schwarzem Samt. Der Samt war mit Atlas gefüttert und mit silbernen Tressen geschmückt, der Sarg antik gearbeitet und mit geblümtem Silberstoff überzogen. Auf den Stoff waren schwarze Adler gestickt.

In der Garnisonkirche war im Schiff das Gestühl entfernt und der Innenraum mit schwarzem Stoff ausgeschlagen worden. Alle Fenster wurden verhängt und vor dem Altar wurde ein Rundbau errichtet, der mit allegorischen Bildern aus der Regierung Friedrichs und mit lateinischen Sprüchen geschmückt war. 4 870 Lampen und 558 Wachskerzen erleuchteten während der Feierlichkeiten den Raum.

Am Donnerstag, dem 7. September, waren die Vorbereitungen beendet, und Stadtschloss und Garnisonkirche wurden bis zum offiziellen Leichenbegängnis am Sonnabend zur Besichtigung freigegeben. Allein aus Berlin sollen dazu in den drei Tagen 60 000 Menschen nach Potsdam gekommen sein.

Der Weg, den der Trauerzug vom Stadtschloss über den Lustgarten und durch die Breite Straße zur Hof- und Garnisonkirche nahm, war in der ganzen Länge mit Brettern belegt und mit schwarzem Stoff bespannt worden. Seitwärts hatte man Tribünen errichtet, auf denen sich die

Schaulustigen drängten. Von 9 Uhr an läuteten alle Glocken, bis die Zeremonie gegen 11 Uhr beendet war.

Drei Bataillone Garde präsentierten im Lustgarten das Gewehr, als der Paradesarg von Stabsoffizieren aus dem Schloss getragen und auf den Leichenwagen gesetzt wurde. Auf dem Turm der Garnisonkirche spielte Petzoldt das Sterbelied »O Jesu Christ, meines Lebens Licht.« Die Hoboisten bliesen den Choral »Jesus, meine Zuversicht«. Die Trommler schlugen den Totenmarsch. In der vom Hofmarschallamt festgelegten Reihenfolge setzte sich der Trauerzug in Bewegung. Der Leichenwagen wurde von acht braunen Pferden gezogen, zwölf Generale und Obristen trugen an langen Stangen den schwarzen Thronhimmel über dem Sarg. Dahinter gingen Friedrich Wilhelm II. in der Uniform des 1. Bataillons Königliche Leibgarde und die Mitglieder des Königshauses.

Als der Zug sich der Kirche näherte, setzte der Organist Fasch aus Berlin mit dem Orgelspiel ein; er präludierte, bis alle Trauergäste die ihnen zugewiesenen Plätze eingenommen hatten. Unter Vorantritt der Marschälle wurde der Sarg von Offizieren in den Kirchenraum getragen und in dem Rundbau vor dem Altar abgesetzt. Dann erklang eine eigens für diesen Tag gedichtete und vom Kapellmeister Johann Friedrich Reichardt vertonte lateinische Trauerkantate. Anschließend wurde der Paradesarg ohne weitere Feierlichkeit von Generalen in die Gruft getragen und zwischen den Särgen abgesetzt. Den Geistlichen war wie bei der Paradebeisetzung des Soldatenkönigs 46 Jahre zuvor eine stumme Rolle zugewiesen.

Im Lustgarten schossen zum Abschluss 24 Geschütze dreimal je 12 Schuss Salut, dazwischen schossen die drei Bataillone Garde, die in der Breiten Straße bis an das Neustädter Tor aufmarschiert waren, dreimal je eine Salve. Der Trauerzug begab sich anschließend zum Stadtschloss zurück, wo für 590 Personen das Trauermahl angerichtet war. Die Kosten des Leichenbegängnisses betrugen 38 873 Taler und 10 Groschen.

Schauplatz europäischer Geschichte

Wahrscheinlich hat auch Friedrich Wilhelm II. die Hof- und Garnisonkirche nach dem Leichenbegängnis für Friedrich den Großen nicht mehr betreten. Es war üblich geworden, Privatgottesdienste in den Schlössern der einzelnen Mitglieder der Königsfamilie zu halten. Sein Sohn Friedrich Wilhelm III., der 1797 die Regierung übernahm, legte dagegen wieder Wert auf die Teilnahme am sonntäglichen Gottesdienst der Gemeinde, und er besuchte mit der Königin Luise regelmäßig die Hof- und Garnisonkirche. Selbst im Winter kam er manchmal zum Gottesdienst von Berlin nach Potsdam herüber. Der spätere Bischof Eylert schilderte, nicht mit Pomp sei der König zur Kirche gekommen, nicht mit Orden und Sternen geschmückt, sondern zu Fuß, umgeben von seinen Kindern, als ein Christ in sichtbarer Demut.

Vom Jahr seines Regierungsantritts an sind wahrscheinlich das »Üb' immer Treu' und Redlichkeit« und der Choral »Lobe den Herren« als ständige Stundenlieder vom Turm zu hören gewesen. Ungewiss ist, ob man sich bei der ersten Melodie noch bewusst war, dass es sich hier ursprünglich um eine Volksweise handelte. Mozart hatte sie für seine Papageno-Arie in der »Zauberflöte« verwendet und ihr damit zu ungeahnter Popularität verholfen, die bis heute andauert.

In der Nacht vom 3. zum 4. November 1805 führten Friedrich Wilhelm III. und Königin Luise den russischen Zaren Alexander I. in die von Wachskerzen spärlich erhell-

»Sic transit gloria mundi«: Napoleon im Oktober 1806 in der Königsgruft der Garnisonkirche am Sarg Friedrichs des Großen.

te Garnisonkirche. Der Zar war im Begriff, nach Weimar weiterzureisen, und hatte den Wunsch geäußert, nach russischer Sitte vorher noch eine Kirche besuchen zu können. Ohne Begleitung verweilten Friedrich Wilhelm, Königin Luise und Alexander in der Gruft vor dem Sarge Friedrichs. Alexander fasste in schwärmerischer Verzückung die Hände des preußischen Königspaares, fiel auf die Knie und küsste das Metall des Sarges. Der so besiegelte Freundschaftsbund erlangte acht Jahre später, in den Freiheitskriegen gegen Napoleon, kriegsentscheidende Bedeutung.

Napoleon Bonaparte, Kaiser der Franzosen, hatte 1806 in der Schlacht bei Jena und Auerstedt auch Preußen besiegt. Am 24. Oktober 1806 zog er in Potsdam ein, blieb zwei Tage in der Stadt und besuchte die Gruft Friedrichs des Großen in der Garnisonkirche. Der Hofküster Gleim musste ihn führen, begleitet wurde der Kaiser vom Prinzen Jérome sowie von den Marschällen Murat, Duroc und Berthier. Vor dem Eingang zur Gruft standen zwei Gens d'armes d'elite mit aufgepflanztem Bajonett. Napoleon schritt mit Jérome unmittelbar hinter Gleim in das Gewölbe, stand einige Zeit nachdenklich vor dem ihm bezeichneten Sarg Friedrichs und sagte: »Sic transit gloria mundi« – So vergeht die Herrlichkeit der Welt. Dann gab er Jérome und Gleim einen Wink zurückzutreten und stand wohl noch zehn Minuten in tiefer Betrachtung allein an dem Sarg. An Gleim richtete er anschließend einige Fragen und dem Marschall Duroc erteilte er Befehl, die Garnisonkirche nicht für militärische Zwecke zu nutzen.

Im Juli 1810 starb, früh und unerwartet, Königin Luise. Sie hatte in den letzten Monaten ihres Lebens noch regelmäßig die Gottesdienste in der Hof- und Garnisonkirche besucht und den Wunsch geäußert, die zwischen Ostern und Pfingsten von Rudemann Friedrich Eylert gehörten Predigten gedruckt zu sehen. Der König befahl, den Erlös der Druckschrift einer Stiftung »Luisens Denkmal« zufließen zu lassen. Aus der Stiftung erhielt in jedem Jahr eine Anzahl würdiger und bedürftiger Brautpaare – anfangs drei, später sieben und acht Paare – eine Beisteuer zur Ausstattung.

Die Trauung der »Luisenbräute« fand am 19. Juli, dem Todestag der Königin, in der Garnisonkirche statt. Der

Stiftungsfonds betrug anfänglich 8148 Taler 20 Groschen und wuchs infolge umsichtiger Verwaltung und weiterer Zuwendungen auf ein Vielfaches. Die Verwaltung oblag einem so genannten Familienrat, dem der jeweilige Kommandant, die beiden Hofprediger, der Oberbürgermeister, der Superintendent, der Polizeidirektor, ein Rechtsgelehrter sowie als nicht ständige Mitglieder acht Bürger angehörten. Später stellten sich mit den Brautpaaren auch ehemalige Luisenbräute ein, die sich zur silbernen und goldenen Hochzeit erneut segnen ließen.

Am 21. Januar 1813 fand ein denkwürdiger Gottesdienst zur ersten Abendmahlfeier des Kronprinzen, des nachmaligen Königs Friedrich Wilhelm IV., in der Garnisonkirche statt. Die Feier erhielt ihre besondere Bedeutung dadurch, dass Friedrich Wilhelm III. unmittelbar vor der Abreise nach Breslau stand, wo er den Aufruf »An mein Volk« erließ. Durch die patriotische Begeisterung weiter Teile der Bevölkerung gedrängt, rief er zum Befreiungskrieg gegen Napoleon auf und stiftete als Tapferkeitsauszeichnung das Eiserne Kreuz.

Am 4. Juli 1816 gedachte die Garnisongemeinde in Anwesenheit des Königs der Toten der Befreiungskriege, die mit dem Sieg einer Koalition aller europäischen Großmächte über Napoleon geendet hatten. Im Laufe des Monats November desselben Jahres fanden für jedes Garderegiment besondere Gedächtnisfeiern statt, wobei Ehrentafeln mit den Namen der Gefallenen sowie mit den Namen der Träger des Eisernen Kreuzes aufgestellt wurden. Der König und alle Prinzen und Prinzessinnen wohnten diesen Feiern bei, die ihren Abschluss in einer Parade des jeweiligen Truppenteils im Potsdamer Lustgarten fanden. Am ersten Weihnachtsfeiertag wurden die von preußischen Truppen eroberten Siegestrophäen der Freiheitskriege in die Hof- und Garnisonkirche getragen.

Friedrich Wilhelm III. sprach damals mehrfach mit Bischof Eylert über die Möglichkeit, die beiden evangelischen Kirchen in Preußen miteinander zu vereinen. Im Frühjahr 1817 ernannte er während eines Besuches im ländlichen Paretz bei Potsdam eine Kommission, die unter dem Gesichtspunkt der nahenden 300-Jahr-Feier der Reformation die Angelegenheit beraten und begutachten sollte. Am 27. September erließ der König eine öffentliche Kundgebung an alle kirchlichen Behörden, in der er den Wunsch zum Ausdruck brachte, dass die geplante Union zustande kommen und bei der Säkularfeier der Reformation der Anfang dazu gemacht werden möge:

»So wie Ich selbst in diesem Geiste das bevorstehende Säkularfest der Reformation in der Vereinigung der bisherigen reformirten und lutherischen Hof- und Garnison-Gemeinde zu Potsdam zu einer evangelisch-christlichen Gemeinde feiern und mit derselben das heilige Abendmahl genießen werde, so hoffe Ich, daß dies Mein eigenes Beispiel wohlthuend auf alle protestantischen Gemeinden in Meinem Lande wirken und eine allgemeine Nachfolge im Geist und in der Wahrheit finden möge.«

Am Sonntag vor dem Reformationsfest, am 26. Oktober 1817, wurde in allen Kirchen nochmals zu einer würdigen Feier aufgerufen. Die Gemeinden wurden eingeladen, zur Besiegelung der vollen Vereinigung am 31. Oktober mit dem König und seinem Haus gemeinsam das Abendmahl zu feiern.

In der Garnisonkirche teilten die beiden Hofprediger am Reformationstage das Abendmahl gemeinsam aus. Der Reformierte Eylert spendete das Brot, der Lutheraner Offelsmeyer, seit 1810 im Amt, den Kelch. Als der König als Erster an den Altar trat, erscholl vom Chor herab der Lobgesang: »Ehre sei Gott in der Höhe, Friede auf Erden und den Menschen ein Wohlgefallen.« Die Evangelische Kirche der Union hat bis heute Bestand in Berlin-Brandenburg sowie im Rheinland.

Am 23. Dezember 1826 fand in der Hof- und Garnisonkirche die offizielle Trauerfeier des preußischen Hofes für den am 1. Dezember verstorbenen Zaren Alexander statt. Das den Namen des russischen Zaren tragende Garde-Grenadier-Regiment wurde dazu aus Berlin nach Potsdam beordert. Am 14. März 1835 nahm der König an einer ähnlichen Trauerfeier für Kaiser Franz von Österreich teil. Er selbst starb als letzter Repräsentant der gegen Napoleon verbündeten europäischen Kontinentalmächte im Frühjahr 1840. Seiner gedachte die Gemeinde am 19. Juli, dem 30. Todestag der Königin Luise.

Eine für die Garnisonkirche bedeutsame Entscheidung hatte Friedrich Wilhelm III. noch im Jahre 1829 getroffen. Er hatte, als das frühere Militärkirchenreglement umgearbeitet wurde, festgelegt, »daß wegen Ausübung des Patronats bei der Königlichen Hof- und Garnisonkirche in Potsdam ebenso wie bei der Garnisonkirche zu Berlin und wegen Verwaltung ihres Vermögens und sonstigen Verhältnisse ganz in der bisherigen herkömmlichen Art verfahren und darin nichts geändert werden soll«. Das hob die beiden Kirchen auch in der Zukunft unter den anderen Gotteshäusern in Preußen hervor.

Sein Sohn, König Friedrich Wilhelm IV. (1840–1861), war in den ersten Jahren seiner Regierung ebenfalls häufig Gast in der Hof- und Garnisonkirche. Sooft er in der Stadt weilte, besuchte er sonntags den Gottesdienst. Auch als die 1848 eingeweihte Friedenskirche zur Pfarrkirche von Schloss und Hofgemeinde Sanssouci bestimmt wurde, blieb die Garnisonkirche bevorzugte Stätte aller größeren kirchlichen Feste und militärischen Feiern. Bei den jährlichen Frühjahrsparaden in Potsdam fand stets erst ein Gottesdienst in der Garnisonkirche statt, bevor das militärische Schauspiel im Lustgarten seinen Anfang nahm.

Friedrich Wilhelm IV., der »Romantiker auf dem Thron« genannt, berief 1853 Friedrich Wilhelm Krummacher zum Nachfolger des Bischofs Eylert als Hofprediger nach Potsdam. Er schrieb ihm am ersten Adventssonntag:

»Das war eine Adventspredigt, wie ich noch keine gehört. Die wolle der Herr der Kirche mit tausendfältigem Segen befruchten. Ich habe die Zuversicht, daß dieser Segen weder Ihrem Haupte, theurer Krummacher, noch Ihrem Amte fehlen wird, wenn der letztere auch mit viel Geduld erwartet werden muß. Ich hab' es lebendig gefühlt, wie die Fülle Ihrer Gaben und Ihrer Erkenntnis sich, durch die Liebe zu Ihrem Amte und zu den Ihnen anvertrauten Seelen getrieben und getragen, aus Ihnen ergossen hat. Und in welcher Schönheit und Herrlichkeit der Form! –

Lassen Sie Ihr Adventswort an Potsdam nicht mit dem heutigen Sonntage verhallen. Vervielfältigen Sie es durch den Druck und senden Sie mir 100 Exemplare davon ein. Der Sein Werk durch Sie begonnen, Der wird es auch durchführen. Vale!

Potsdam, 27. November 1853.

Friedrich Wilhelm.«

Krummacher war vorher an der Dreifaltigkeitskirche in Berlin Nachfolger auf der Kanzel Schleiermachers gewesen. Als er 1868 ganz unerwartet starb, wurde die Liebe und Verehrung augenscheinlich, die er in Potsdam genoss. Tausende nahmen in der Garnisonkirche Abschied von ihm und folgten seinem Sarg. Sein Nachfolger wurde der vorherige Berliner Garnisonpfarrer und Professor der Theologie, Friedrich Adolf Strauß.

Im Jahre 1856 wurde die Hof- und Garnisonkirche grundlegend renoviert. Den Eingängen wurden Hallen vorgebaut, im westlichen Treppenraum entstand eine Taufkapelle als zehneckiger Kuppelbau. Auf dem östlichen und westlichen Dachgiebel wurden vergoldete Kreuze angebracht. Der Schlossermeister Dietrich ersann auf Anregung Krummachers eine sinnreiche Vorrichtung, die es ermöglichte, auf dem Glockenspiel ein Glockengeläut nachzuahmen. Bislang war das Fehlen eines schwingenden Geläuts der Garnisonkirche nicht als Mangel empfunden worden; zurzeit Friedrich Wilhelms I. hatte noch Trommelschlag die Gemeinde zum Gottesdienst gerufen, danach zeigte das Geläut anderer Potsdamer Kirchen den Beginn des Gottesdienstes an. Krummacher wünschte sich ein eigenes Geläut. Dietrich konstruierte eine Walze, die, von einer Kurbel gedreht, die Spielglocken C, E und G anschlagen ließ. Die Nachahmung war so vollkommen, dass viele Potsdamer Bürger in späteren Jahren nicht wussten, dass die Garnisonkirche kein eigenes schwingendes Geläut besaß. Erst als die Mechanik des Glockenspiels zu leiden begann, wurde kurz vor dem Zweiten Weltkrieg ein echtes Geläut in halber Höhe des Turms eingebaut.

In die ersten Jahre der Regierung König Wilhelms I., der 1871 Deutscher Kaiser wurde, fielen die 50-Jahr-Feiern der Freiheitskriege. Am 15. Februar 1863 wurde in einem festlichen Gottesdienst in der Garnisonkirche des Aufrufs gedacht, den König Friedrich Wilhelm III. im Jahre 1813 an das Volk gerichtet hatte. Die Gedächtnistafeln der Gefallenen waren mit frischem Grün geschmückt und die Veteranen der Jahre 1813 bis 1815 saßen auf Ehrenplätzen.

Besonders glanzvoll war am 18. Oktober 1863 die Erinnerungsfeier an die Völkerschlacht von Leipzig. Preußische, österreichische, russische und schwedische Truppen hatten bei Leipzig Napoleon besiegt und dessen Rückzug über den Rhein erzwungen.

Am 1. Januar 1867 wurde in der Hof- und Garnisonkirche das 60-jährige Militärjubiläum Wilhelms I. gefeiert,

Hundertjahr-Feier der Völkerschlacht bei Leipzig

in der Königlichen Hof- und Garnisonkirche

am Sonnabend, den 18. Oktober 1913 abends 7½ Uhr

Veranstaltet von den städt. Körperschaften der Residenzstadt Potsdam

Ansprache: Herr Hofprediger und Divisionspfarrer Richter.

Fest-Aufführung: Oratorium „Judas Maccabaeus" von G. F. Händel

Ausführende: Der Gesangverein für klassische Musik und der Potsdamer Männer-Gesangverein (Dirigent: Herr Professor M. Gebhardt, Kgl. Musikdirektor)

Solisten: Frau Claire Dux, Kgl. Hofopernsängerin (Sopran)
Frau Dr. Elisabeth Christian (Alt)
Herr Jan Trip (Tenor)
Herr Kammersänger Hjalmar Arlberg (Baß)
Herr Professor O. Becker: Cembalo

Orchester: Kapelle des Ersten Garde-Regiments zu Fuß

Der Überschuß dieser Veranstaltung ist für wohltätige Zwecke bestimmt

Eintrittskarten zum Preise von M. 3,—, M. 2,—, M. 1,— und M. 0,50 sowie Texte zu 25 Pf. erhältlich bei: Werner & Schuster, Königl. Hoflieferanten, Hohewegstraße 3, Aug. Heinr. Pusch, Königl. Hofbuchhändler, Am Kanal 19, E. Ehrlich, Nauener Straße 21, Potsdamer Tageszeitung, Kaiserstraße 3, Schnabel & Walter, Nauener Straße 25

124

In der Tradition des Militärkirchenwesens: Konzertankündigung vom Oktober 1913.

der bereits als Zehnjähriger sein erstes militärisches Patent erhalten hatte. In der Königsloge saßen der Regent, Kronprinz Friedrich, der spätere »99-Tage-Kaiser«, und dessen Bruder, Prinz Friedrich Karl, umgeben von Generalen. Unten im Schiff hatten die Ritter des Ordens Pour le mérite sowie die Träger hoher Militärverdienstorden Platz genommen.

Die Leibkompanie des 1. Garderegiments hatte die Fahnen der Garnison aus dem Stadtschloss in die Garnisonkirche eingeholt und sie an der rechten Seite des Altars aufgestellt. Links vom Altar standen die Standarten der Kavallerie. Deputationen aller Regimenter saßen auf den Emporen, vorn an der Brüstung die dekorierten Mannschaften. An den Pfeilern hingen die in den Feldzügen eroberten Fahnen, Standarten und Bänder. Während ein heftiges Schneegestöber die Stadt einhüllte, begann der Gottesdienst in der Garnisonkirche mit einem vom Berliner Domchor gesungenen Psalm. Feldpropst Thielen hielt die Liturgie, Hofprediger Bernhard Rogge, der selbst am Krieg Preußens gegen Österreich teilgenommen hatte, die Predigt. Rogge war vom König ausdrücklich angewiesen worden, nur nebenbei und kurz auf die Aufstellung der Trophäen Bezug zu nehmen.

Im Juli 1870 begann der deutsch-französische Krieg. Am 27. des Monats gab es aus diesem Anlass in Preußen einen außerordentlichen Buß- und Bettag. Tausende nahmen in der Hof- und Garnisonkirche vormittags und abends das Abendmahl. Vier Geistliche reichten die Sakramente an zwei Altären. Der zweite Altar war dem Hauptaltar gegenüber vor der Königlichen Damenloge aufgebaut worden. Ein Jahr später, am 18. Juni 1871, feierten die zurückgekehrten Truppen das Friedensfest. Hofprediger Rogge, der bei der Proklamation des Kaiserreichs in der Spiegelgalerie zu Versailles am 18. Januar 1871 die Weiherede gehalten hatte, stand auf der Kanzel.

Am ersten Pfingsttage 1872 wurden in der Garnisonkirche Ehrenschleifen für Fahnen und Standarten der preußischen Truppen geweiht und verliehen. Der nunmehrige Kaiser Wilhelm I., Kronprinz Friedrich und mehrere Prinzen, die Generalfeldmarschälle Wrangel und Moltke, Kriegsminister Graf Roon und viele Generale und hohe Offiziere nahmen daran teil.

Am 19. Januar 1873 fand abermals eine festliche Versammlung in der Hof- und Garnisonkirche statt. An diesem Tage wurden die Kriegstrophäen aus dem deutsch-französischen Krieg von Berlin nach Potsdam gebracht und der Garnisonkirche zum dauernden Aufenthalt übergeben. Es waren 86 Adler und Fahnen. Die gesamte Armee war in der Feierstunde durch Deputationen vertreten. Der Kaiser telegrafierte eine Stunde vor Beginn an Rogge: »Da die Militär-Bevollmächtigten Österreichs und Süddeutschlands in der Kirche sein werden, so dürfen Sie den Krieg von 1866 nicht nennen und die Trophäen desselben nur bei den altfranzösischen bezeichnen als ›neben noch anderen aufgestellt‹.« Zuvor hatte er dem Prediger bereits die größte Schonung des wenige Tage vorher in England verstorbenen Kriegsgegners, Kaisers Napoleon III., zur Pflicht gemacht.

Am 18. August 1874 schließlich war die Garnisonkirche Schauplatz einer Feier zur Aufstellung von Gedächtnistafeln mit den Namen aller in den Kriegen 1864 gegen Dänemark, 1866 gegen Österreich und 1870/71 gegen Frankreich von den Truppenteilen der Potsdamer Garnison gefallenen Offiziere und Soldaten. Die Kosten für die Anfertigung der Tafeln trug das Offizierskorps der Garnison. Auch dieser Feier wohnten der Kaiser und die Angehörigen des Hofes bei. Als Wilhelm I. am 9. März 1888 starb, trauerte die Potsdamer Garnisongemeinde nicht nur um ihren Souverän und Obersten Kriegsherrn, sondern auch um einen hochherzigen Gönner und Förderer.

Der langjährige Kronprinz Friedrich III. regierte nur drei Monate. Er hatte keine persönliche Beziehung zur Potsdamer Garnisonkirche. Im Juni 1888 wurde Wilhelm II. Deutscher Kaiser und Patron der Hof- und Garnisonkirche. Viele Hoffnungen knüpften sich an den Regierungsantritt des jungen Monarchen, der später zum Inbegriff des »Wilhelminischen Deutschland« wurde.

Die Garnisonkirche im Wilhelminischen Deutschland

Kaiser Wilhelm II. ordnete im Jahre 1897 nach einer eingehenden Besichtigung den vollständigen Umbau der Kirche an. Er beauftragte damit den Kreisbauinspektor Friedrich Laske, der das Innere in einem barocken Stil neu gestaltete. Lediglich der Gruftaufbau mit der Marmorkanzel und der Orgelprospekt blieben unverändert. An den Pfeilern wurden in zwei Etagen Fahnenkörbe, darunter kleine Medaillons mit den Namen der Orte bedeutender Schlachten angebracht. Die Fahnen waren nicht senkrecht an der Wand befestigt, sondern standen schräg in den Körben, das Fahnentuch hing in freiem Faltenwurf herab; es waren 117 französische, 25 dänische Fahnen sowie eine Standarte und sieben Feldzeichen der österreichischen Armee.

Auf den Emporen ließ Laske, um die Sicht zur Kanzel zu verbessern, die Bänke aus goldgelb getöntem Zypressenholz wie in einem Amphitheater steil ansteigen. Die Brüstungen wurden mit den Namenszügen der preußischen Könige sowie mit Bibelversen geschmückt und reich verzierte Bronzegitter schlossen den Altarraum ab. Zwei große Kronleuchter aus Goldbronze ersetzten die bisherigen Gasleuchten. Die Heizungsanlage aus dem Jahre 1879 wurde verbessert, die Fenster erhielten eine Umrahmung aus grün und gelb gemustertem Glas. Wilhelm II. überzeugte sich mehrfach selbst vom Fortgang der Arbeit und spendete zu den Kosten von 167 000 Mark für den Umbau

Hermann Baltin war 51 Jahre lang, bis zu seinem Tode 1910, Organist an der Garnisonkirche.

aus eigenen Mitteln 55 000 Mark sowie 5 000 Mark für die Heizung und 10 000 Mark für die Orgel.

Die Orgel war mehr als 150 Jahre hindurch unverändert geblieben. Nur gelegentlich waren kleine Reparaturen notwendig gewesen, um das Instrument in einwandfreiem Zustand zu erhalten. Nach dem mutmaßlichen ersten Organisten und Glockenisten Lossow sowie dem Garnisonschullehrer Christoph Petzoldt hatten Johann Samuel Lange und danach der Organist Hoennecke amtiert. Im Jahre 1810 war auf Vorschlag Eylerts der Musikdirektor Schärtlich angestellt worden. Er blieb bis 1859 im Amt, dann berief die Garnisongemeinde den Lehrer an der Garnisonschule, Herman Baltin.

Baltin hatte, als 1897 mit dem Umbau der Kirche begonnen wurde, den Wunsch geäußert, es möge auch das Orgelwerk unter Berücksichtigung des technischen Fortschritts erneuert werden. Zu seiner Bestürzung erfuhr er, dass sein Wunsch missverstanden worden war und die Regierung beim Frankfurter Orgelbauer Wilhelm Sauer eine neue Orgel in Auftrag gegeben hatte. Er konnte immerhin noch durchsetzen, dass wenigstens die wertvollen alten Pfeifen mit ihrem weichen Klang erhalten blieben. Nach der Erneuerung hatte das Werk unter Beibehaltung des Prospekts und 29 gut erhaltener Stimmen insgesamt 46 klingende Stimmen. Abgenommen wurde es von Professor Heinrich Reimann, dem Organisten der Kaiser-Wilhelm-Gedächtniskirche in Berlin.

Nach einem Jahr Umbauzeit wurde der erste Gottesdienst am vierten Adventssonntag 1898 gehalten. An diesem Tage läuteten die Glocken aller evangelischen Kirchen Potsdams für die Hof- und Garnisonkirche, die jetzt über 2800 Sitzplätze verfügte. Vor dem Haupteingang in der Breiten Straße stand die Leibkompagnie des 1. Garderegiments zu Fuß mit den Fahnen und Standarten aller Potsdamer Regimenter. Wilhelm II. und Kaiserin Auguste Viktoria fuhren um 10 Uhr vor. Sie wurden von Kriegsminister General von Goßler, Feldpropst Richter, Oberhofprediger Dryander, Militäroberpfarrer Wölfing, Hofprediger Rogge und Garnisonpfarrer Keßler empfangen. Auf das Orgelpräludium Baltins folgte, vom Militär-Sängerchor gesungen, der 103. Psalm von Grell. Die Liturgie hielt Feldpropst Richter, es predigte Pfarrer Keßler und das Schlussgebet sprach Hofprediger Rogge. Die Gemeinde sang »Auf, auf, ihr Reichsgenossen« und »Ein feste Burg ist unser Gott«. Das Niederländische Dankgebet beschloss die Feier.

Baltin zufolge kam es bei der Einweihung zu einer kritischen Situation: Der Mechanismus der barocken Figurenspiele am Orgelprospekt hatte im Laufe der Jahrzehnte gelitten und war von Orgelbauer Sauer stillgelegt worden. Da erreichte ihn wenige Tage vor der Wiedereinweihung von allerhöchster Seite der Befehl, dass der Mechanismus am Ende des Gottesdienstes in Gang zu setzen sei. Die Zeit war zu kurz, um die erforderlichen technischen Vorkehrungen noch treffen zu können, doch Sauer wusste Rat. Er befestigte an den Armen der Engel und an den Flügeln der Adler Schnüre und ließ sich ein paar Soldaten abkommandieren. Die Soldaten zogen im rechten Augenblick an den Schnüren und so verlief der Einweihungsgottesdienst

Die prunkvolle Kanzelüberdachung wurde flankiert von Fahnenbündeln, bis zum Jahre 1918 Kriegstrophäen, danach Traditionsfahnen Potsdamer Regimenter.

zur allgemeinen Zufriedenheit. Als sich jedoch am ersten Weihnachtsfeiertag die Figuren nicht bewegten, musste Baltin den Schaden eingestehen und Sauer den Mechanismus erneuern.

Aus Anlass der 175. Wiederkehr des Einweihungstages der Hof- und Garnisonkirche stiftete Wilhelm II. im Jahre 1907 einen monumentalen Altar, der architektonisch zur Marmorwand der Kanzelgruft in Beziehung stehen sollte. Mit Entwurf und Ausführung wurde wiederum Friedrich Laske beauftragt, der inzwischen Baurat und Professor geworden war. Laske wählte als Material weißen Marmor. Vier kelchartige Säulen trugen die Platte, der Untersatz war mit kriegerischen Emblemen, Schwert und Helm, verziert. Die Kosten betrugen 23 000 Mark. Am ersten Pfingstfeiertag 1910 wurde der Altar in Anwesenheit des Kaiserpaares in Gebrauch genommen. Der alte Altartisch aus Eichenholz mit der von der Königin Sophie Dorothea 1722 gestickten roten Damastdecke wurde in der Taufkapelle aufgestellt.

Hermann Baltin starb, nachdem er 51 Jahre lang sein Amt an der Hof- und Garnisonkirche versehen, zu Pfingsten noch die Orgel gespielt und seinen Nachfolger, Prof. Otto Becker, eingeführt hatte, am 3. Dezember 1910. Er wurde auf dem alten Friedhof in Potsdam beigesetzt.

Otto Becker kam von der »Alten Garnisonkirche« in der Wallstraße in Berlin. Er war mit der Orgel in der Hof- und Garnisonkirche bald vertraut, doch war das Glockenspiel eine neue Aufgabe für ihn. Zum ersten Mal bekam er im Oktober 1910 die Anweisung, mittags von 12 bis 13 Uhr

Kirchenmusikdirektor Professor Otto Becker an der Orgel.

handgespielte Weisen vorzutragen, und zwar aus Anlass des Geburtstages der Kaiserin Auguste Viktoria. Das letzte Glockenspiel Baltins hatte am 27. Januar, des Kaisers Geburtstag, stattgefunden; zu einer praktischen Anleitung war Baltin nicht mehr in der Lage, und da es auch unmög-

Das holländische Glockenspiel im offenen vierten Turmgeschoss der Garnisonkirche, eingerichtet für mechanisches wie für freies Spiel des Glockenisten im Jahre 1735.

lich war zu üben, riet er Becker, es allein mit Gottes Hilfe zu versuchen, zunächst nur einstimmige Weisen zu spielen und möglichst große Pausen zu machen. Er, Baltin, hätte es vor einem halben Jahrhundert auch so gehalten.

Becker stieg einen Tag vor dem Geburtstag der Kaiserin zum erstmalig die 365 Stufen zum Turm hinauf, um die Glockenkammer und die Klaviatur in Augenschein zu nehmen. In der Uhrenkammer klirrte und knarrte es geheimnisvoll und in der Walzenkammer ächzte und rasselte es. Der Ausblick von der Turmbefreiung war überwältigend. Ganz Potsdam lag Becker zu Füßen: der Lange Stall und der Lustgarten, die Lange Brücke, die Nikolaikirche, Schloss Sanssouci und der Pfingstberg. Das Band der Havel war kilometerweit zu sehen, dahinter Wälder, Seen und Hügel. Erst als die Dämmerung sich niedersenkte, dachte Becker an den Abstieg. Im Turm war es schon ganz dunkel. Von Stufe zu Stufe, von Absatz zu Absatz musste er sich hinuntertasten. Fortan stand immer eine Laterne für den Aufstieg bereit.

Von dem denkwürdigen Tage selbst berichtete Becker: »Als ich am 22. Oktober zur Mittagsstunde eine vielköpfige, neugierige Menschenmenge erblickte, bekam ich regelrechtes Lampenfieber. Beim einstimmigen Spiel merkte ich schon die ungewohnten weiten Abstände und die klotzig schwere Spielart der Hebeltasten. Wer beschreibt aber meinen Schrecken, als ich beim Versuch, meine kunstvollen Sätze abzuspielen, die ich gegen den Rat von Baltin in der Nacht für acht Glockenlieder ausgearbeitet hatte, die Tasten unter den Händen verlor und falsche Töne anschlug. Ich mußte auf alle Künsteleien verzichten und war heilfroh, wenn hin und wieder einmal eine kümmerliche, ausnahmsweise richtige Zweistimmigkeit entstand.«

Das mechanische Glockenspiel der Garnisonkirche schlug seit 1797 achtmal in der Stunde. Zu den beiden Stundenliedern und den Zwischenspielen zu jeder Viertelstunde waren siebeneinhalb Minuten vor dem ersten, zweiten, dritten und vierten Viertel jeweils ein, zwei, drei und vier Schläge zu hören. Als ständige Stundenlieder erklangen seither zur vollen Stunde der Choral »Lobe den Herren« von Joachim Neander, zur halben Stunde die weltliche Weise, der vom Lyriker Ludwig Heinrich Hölty der Text »Üb' immer Treu' und Redlichkeit bis an dein kühles Grab« unterlegt worden war.

Die anfänglich nur einstimmig gehaltenen Satzweisen hatte 1831 der Garnisonschullehrer Bernhard Rötscher mit Vorspielen und Figurenwerk geschmückt. In der zuletzt gehörten Weise waren sie 1862 von Baltin gesetzt worden. Nach holländischem Vorbild lag beim Choral die Melodie in der Bassstimme, während die schmückenden Figuren sich darüber bewegten; beim weltlichen Lied lag die Melodie in der Oberstimme, das Figurenwerk im Bass.

Bei Trauerfällen im Königshaus wurden die Stundenlieder in der Regel für die Dauer eines Jahres ausgewechselt. Beim Tode Friedrich Wilhelms III. und Friedrich Wilhelms IV. erklangen die Sterbelieder »Was Gott tut, das ist wohlgetan« und »Jesus, meine Zuversicht«. Zur Weihnachtszeit wurden manchmal weihnachtliche Weisen als Stundenlieder gesetzt.

Um die volkstümliche Melodie »Üb' immer Treu' und Redlichkeit« ist es in der Mitte des 19. Jahrhunderts in Potsdam zu heftigen Auseinandersetzungen gekommen. Religiöse Eiferer vertraten die Ansicht, sie sei zu weltlich und es zieme sich nicht, dass sie vom Turm eines Gotteshauses ertöne. Ihnen wurde entgegengehalten, dass schon Luther seine geistlichen Texte weltlichen Melodien unterlegt hatte, und damit gab man sich endlich zufrieden. Dass Friedrich Wilhelm I. die Melodie für das Glockenspiel ausgewählt habe, um den Beamten der Oberrechnungskammer Treu und Redlichkeit als Tugenden stündlich einzuschärfen, ist eine Legende: Weder hatte Friedrich Wilhelm den Höltyschen Text schon gekannt – der Dichter lebte zur Zeit Friedrichs II. –, noch war die Melodie zu seiner Zeit bereits Stundenlied gewesen. Die Gardesoldaten, die im Lustgarten exerzierten, wandelten den Text auf ihre Weise ab: »Üb' immer treu Parademarsch bis an dein kühles Grab, und weiche keinen Fingerbreit vom Nebenmanne ab.«

Otto Becker äußerte gelegentlich, ein häufigerer Wechsel der Stundenlieder wäre für den Mechanismus des Glockenspiels vorteilhaft gewesen. Schon Baltin hätte mit der Regulierung seine liebe Not gehabt und 1910 hätte das Spiel wegen der starken Abnutzung bedenklich gehumpelt. Nur durch ständige Pflege und Beaufsichtigung sei es schließlich gelungen, die Stundenlieder wieder rhythmisch exakt erklingen zu lassen.

Mit der Hand wurde das Glockenspiel bis zum Ersten Weltkrieg nur an patriotischen Gedenktagen sowie an besonderen Festtagen des Königshauses gespielt. Der Glockenist erhielt dazu vom Hofmarschallamt Anweisung und zwanzig Mark Entlohnung aus der Privatschatulle. Zu Beginn des Ersten Weltkrieges musste Becker täglich fromme und patriotische Lieder spielen. Wilhelm II. stellte eigenhändig einen Katalog dafür auf: »Ein feste Burg ist unser Gott«, »Wohlauf, Kameraden, aufs Pferd«, »Heil Dir im Siegerkranz«, »Deutschland, Deutschland über alles«.

Üb' immer Treu und Redlichkeit bis an dein kühles Grab,
Und weiche keinen Finger breit von Gottes Wegen ab.
Dann wirst du wie auf grünen Au'n durchs Pilgerleben gehn,
Dann kannst du sonder Furcht und Grau'n dem Tod ins Antlitz sehn. —
Ludwig Hölty [1748—1776].

Die Melodie, alte mitteldeutsche Volksweise, von Mozart 1775 für die „Zauberflöte" übertragen, wurde später dem Hölty'schen Gedicht unterlegt.

122

Die »Stundenlieder« des Glockenspiels

Lobe den Herren, den mächtigen König der Ehren,
Meine geliebete Seele, das ist mein Begehren!
Kommet zu Hauf, Psalter und Harfe wacht auf!
Lasset den Lobgesang hören!

Joachim Neander [1650—1680].

123

»Üb' immer Treu' und Redlichkeit« und »Lobe den Herren«.

Jetzt schreckten die Hebel in der Spielkammer Professor Becker längst nicht mehr und mit zunehmender Übung wuchsen Sicherheit und Wohlklang und damit seine Freude am Spiel. Sein Leben lang hat er danach von der Möglichkeit, aus eigenem Antrieb mit voller Faust auf dem Klavier »allerhand zu aller Zeit zu spielen«, reichlich Gebrauch gemacht. In den Sommermonaten spielte er vor oder nach dem Gottesdienst, oft auch an schönen Abenden, zum Lobe Gottes und zur Freude der Menschen. Im Winterhalbjahr beschränkte sich sein Handglockenspiel in der Regel auf das Reformationsfest, den Totensonntag, die Adventssonntage, auf Weihnachten und Neujahr.

Becker hat rund zweihundert Choräle und Lieder mehrstimmig für das Glockenspiel gesetzt und sein Ruhm als Glockenist ist weit über Potsdam hinaus gedrungen. Viele Male wurde sein Spiel vom Rundfunk übertragen, über Kurzwelle in alle Erdteile gesendet und von ausländischen Sendern übernommen. Als die Garnisonkirche 1945 zerstört wurde, hatte die Zahl seiner Glockenkonzerte zweitausend überschritten. Die Zuhörer in der Plantage, einer kleinen Parkanlage hinter der Kirche, wussten nichts von den Mühen, die es verursachte, die jahrhundertealten Glocken auf dem Turm zum Klingen zu bringen. Zu ihnen schwebten die Töne und Lieder gleichsam herab. Oben in der Glockenkammer zwischen Himmel und Erde war es ein gewaltiges Dröhnen. Turmbesucher, die Gelegenheit hatten, Becker beim Spiel zuzusehen, berichteten, mit welcher großen Konzentration und Hingabe er die Anstrengung meisterte.

Otto Becker beim freien Glockenspiel in der Spielkammer des Turmes.

Hofprediger der Hof- und Garnisonkirche war vor dem Ersten Weltkrieg Walter Richter-Reichhelm, ein Musik liebender, feinsinniger Mann. Richter, der in seiner Jugend selbst hatte Musiker werden wollen, wurde von Militäroberpfarrer Goens 1908 in das Amt eingeführt. Sein Sohn Werner erhielt von Becker Orgelunterricht und machte so schnelle Fortschritte, dass er im Alter von zwölf Jahren gelegentlich seinen Lehrer vertreten konnte.

Wilhelm II. und andere Angehörige des Hofes standen in freundschaftlicher Beziehung zu Becker, scheuten auch nicht den Aufstieg auf den Turm, um dem Professor beim Glockenspiel zuzusehen. Alle Besucher trugen sich in das dickleibige Turmgästebuch ein: Kaiser und Könige, Prinzen und Prinzessinnen, Minister und Diplomaten, hohe Beamte und Generale. Graf Zeppelin sagte bei seinem Turmbesuch zu Becker: »Sie, mein Lieber, führt die Musik in höhere Sphären, ich musste mir dazu ein Luftschiff bauen.«

Ein unvergessliches Bild bot die Hof- und Garnisonkirche zur Feier des 200. Geburtstages Friedrichs des Großen im Januar 1912. Dicht gedrängt saßen die Menschen, im Schiff die Mitglieder der Zivilgemeinde, auf den Emporen Abordnungen der Gardetruppen in Uniformen: des 1. Garderegiments, der Garde-Ulanen, des Garde-du-corps, der Leibgarde-Husaren und des Garde-Jäger-Bataillons. Auch der Kaiser trug Uniform, drei Söhne saßen zu seiner Linken, drei zur Rechten, dahinter, in der Loge, das Gefolge und die Befehlshaber der Regimenter.

Glanzvoll begangen wurde auch das 25-jährige Regierungsjubiläum Wilhelms II. im Juni 1913. Für Sonntag, den 15. Juni, war abordnungsweiser Gottesdienst in allen Garnisonkirchen und Militärgemeinden Preußens angesetzt. Der Festgottesdienst in der Hof- und Garnisonkirche begann um 10 Uhr. Als der Kaiser und König in der Loge erschien, präludierte Becker an der Orgel über dem Choral

»Ein feste Burg ist unser Gott«. Hofprediger Richter hielt die Predigt auf Wunsch des Kaisers über Römer V, Vers 3–5: »Wir rühmen uns auch der Trübsal, dieweil wir wissen, daß Trübsal Geduld bringet; Geduld aber bringt Erfahrung; Erfahrung aber bringt Hoffnung; Hoffnung aber läßt nicht zuschanden werden.« Zur Mittagszeit schoss eine Batterie im Lustgarten den Königssalut, 101 Schuss; am Nachmittag fand ein großes Platzkonzert statt. Bis zum Abend blieb der Kaiser in der Stadt und erst zur Nacht kehrte er nach Berlin zurück.

Am Sonntag, dem 2. August 1914, brachten Extrablätter beunruhigende Nachricht aus Berlin: »Rußland hat den Krieg eröffnet«, »Deutsche Kreuzer bombardierten Libau«, »Angriff auf Johannisburg«, »Kaiser befiehlt Mobilmachung«. Organist Becker war mit dem Kirchenchor nach Ferch gefahren; gegen 22 Uhr kam die Gesellschaft mit dem Dampfer zurück. Eine halbe Stunde später stieg er, von einigen Chormitgliedern begleitet, beim Schein der Stalllaterne auf den Turm – und spielte »Die Wacht am Rhein«.

Eine unvorstellbare Begeisterung hatte die Menschen erfasst. Unter Jubel und Glockenklang zogen die Regimenter aus – Weihnachten wollten sie wieder zu Hause sein. In der Hof- und Garnisonkirche fand am 5. August 1914 der Abschiedsgottesdienst für die Potsdamer Regimenter statt. Nicht mehr in bunten Galauniformen, sondern feldgrau gekleidet, saßen die Soldaten in den Bänken. Den ganzen Tag über blieb die Kirche geöffnet und Tausende empfingen den Segen und das heilige Abendmahl.

Vaterländische Abendmusik

in der Königlichen Hof- und Garnisonkirche zu Potsdam
am Sonntag, den 15. November 1914, abends 7½ Uhr
zur Linderung der Kriegsnot

unter Mitwirkung des Berliner Terzettes: Frl. Else Knüttel (Sopran),
Anni Böttcher (Mezzosopran), Elisabeth Böhm (Alt),
sowie Frau Bianca Becker-Samolewska (Violine) und
des liturgischen Chors der Garnisonkirche
veranstaltet vom Organisten
Professor Otto Becker

Vortragsfolge

1. Fantasie für Orgel über den Choral „Ein feste Burg ist unser Gott" . . . . Max Reger (geb. 1873)
Erläuterungen hierzu siehe auf der Rückseite des Beiblattes.
2. a) Engelterzett a. d. Oratorium „Elias" Mendelssohn
b) Nordisches Seelied . . . . Carl Loewe
Berliner Terzett
3. Orgelchoral: „Jesu meine Freude" – Joh. Seb. Bach
4. Duett aus der Cantate: „Jesu, der du meine Seele" . . . . – Joh. Seb. Bach
Frl. Knüttel und Elisabeth Böhm
5. Sonate für Violine und Orgel in G-moll Tartini
Andante. Presto non troppo. Largo. Allegro commode.
6. „Christ und der Tod" aus dem Oratorium „Gustav Adolf" . . . . Max Bruch (geb. 1838)
7. „Waldesfrieden", Orgelsolo . . . Hans Fährmann
8. Zwei Kriegslieder, für Terzett, Chor, beziehungsw. Gemeindegesang, eingerichtet von Otto Becker:
a) Erhebt euch von der Erde
b) Gebet vor der Schlacht
9. Abendlied, für Violine und Orgel Robert Schumann
10. Weihgebet, für Terzett, Chor und Gemeindegesang

Kirchenschiff und Emporen 20 Pfennige

Liedertexte umstehend

125

»Vaterländische Abendmusik«:
Konzert im ersten Jahr des Ersten Weltkriegs.

Am 9. August wurde im Lustgarten das 1. Garderegiment eingesegnet, am 10. August in Berlin die erste Verlustliste veröffentlicht.

Im dritten Kriegsjahr, 1917, wurden die Prospektpfeifen der Orgel für die Kriegswirtschaft geopfert, im November 1918 ging der Kaiser außer Landes. Der Krieg war aus, das Kaiserreich am Ende. Die Republik wurde ausgerufen. 1800 Männer aus Potsdamer Familien kehrten nicht zurück. Für sie fand am 24. November 1918 in der Garnisonkirche ein Gedächtnisgottesdienst statt. Garnisonprediger Vogel hielt die Predigt, General Ludendorff sprach zu den Angehörigen und zur Gemeinde. Vom Turm aber erschallten, als wäre nichts geschehen, die Glockenlieder »Üb' immer Treu' und Redlichkeit« und »Lobe den Herren« weithin über die Stadt, die Havel, ihre Seen und die benachbarten Wälder und Hügel.

Der »Tag von Potsdam«

Zwei Jahre nach Kriegsende hatte Potsdam wieder eine Garnison. Ein Regiment der Reichswehr war in die verwaisten Kasernen eingezogen. Doch die große Zeit der Hof- und Garnisonkirche war vorüber. Die Siegestrophäen der preußischen Geschichte, die Fahnen und Feldzeichen, wurden in das Zeughaus nach Berlin gebracht. An ihrer Stelle wurden die Fahnen und Standarten des Gardekorps, des III. Brandenburgischen Armeekorps und der Landwehrregimenter beider Korps aufgehängt. Im Jahre 1925 sorgte der Potsdamer Orgelbauer Alexander Schuke für den Ersatz der 1917 geopferten Prospektpfeifen, in den darauf folgenden Jahren wurde die Turmfassade gründlich erneuert.

Am 31. Juli 1932 fand in würdigem Rahmen die 200-Jahr-Feier der Hof- und Garnisonkirche statt. Der Feldpropst Schlegel predigte und die Gemeinde sang das Niederländische Dankgebet. Nach der Schlussliturgie stieg Becker auf den Turm und eine Stunde lang erklang das Glockenspiel.

Am 30. Januar 1933 wurde Hitler von Hindenburg zum Reichskanzler ernannt und die Nationalsozialisten übernahmen die Macht in Deutschland. Zwei Monate später, am 21. März, fand der von ihnen inszenierte »Tag von Potsdam« statt. Mehr als 100 000 auswärtige Besucher kamen aus diesem Anlass in die Stadt. Gottesdienste in der Nikolaikirche und in der Stadtpfarrkirche gingen dem »Staatsakt zur Eröffnung des Reichstags« in der Garnisonkirche

21. März 1933, »Tag von Potsdam«:
Staatsakt in der Garnisonkirche zur Eröffnung des Reichstags unter dem neuen Reichskanzler Adolf Hitler.

voraus. Die Wagenkolonne des Reichspräsidenten Hindenburg fuhr über die Glienicker Brücke in die Stadt ein und wurde zur Schinkelschen Nikolaikirche geleitet. Dort predigte Generalsuperintendent Dibelius über Römerbrief, Kapitel 8, Vers 31: »Ist Gott für uns, wer mag wider uns sein?« In der Stadtpfarrkirche fand der Gottesdienst für die katholischen Mitglieder des neu gewählten Reichstags, der Reichsregierung und des Diplomatischen Korps statt. Hitler, obwohl katholisch getauft, nahm nicht daran teil. Er ließ mitteilen, er besuche während dieser Zeit mit

Goebbels die Gräber ermordeter SA-Angehöriger auf dem Luisenstädtischen Friedhof in Berlin. Erst unmittelbar vor Beginn des Staatsaktes traf er in Potsdam ein.

Die Reichstagsabgeordneten waren nach den Gottesdiensten unter Glockengeläut feierlich zur Hof- und Garnisonkirche gezogen, die zum Schauplatz gewählt worden war, um – wie es in der nationalsozialistischen Phraseologie hieß – »an der Bahre des großen, unsterblichen Friedrichs das neue Werk des nationalen Wiederaufbaus zu beginnen«. Während des Einzugs begann Becker mit dem Orgelpräludium, danach sang der Berliner Staats- und Domchor. Hindenburg, der greise Reichspräsident, und Hitler, der neue Reichskanzler, verlasen vorbereitete Erklärungen. Hindenburg, in der Uniform des Generalfeldmarschalls, beschwor mit stockender Stimme das alte Preußen: »Der Ort, an dem wir uns heute versammelt haben, mahnt uns zum Rückblick auf das alte Preußen, das in Gottesfurcht durch pflichttreue Arbeit, nie verzagenden Mut und hingebende Vaterlandsliebe groß geworden ist und auf dieser Grundlage die deutschen Stämme geeint hat.« Hitler, im Gehrock, sprach von einem »unverbrüchlichen Bündnis« das die nationalsozialistische Bewegung an diesem Tage mit dem historischen Preußen einginge. Hindenburgs Ausführungen hörten die Anwesenden, darunter der Kronprinz und andere Mitglieder des Hauses Hohenzollern, stehend an. Nachdem der Staats- und Domchor die Motette von Brahms »Wo ist ein so herrlich Volk!« gesungen hatte, trat Hindenburg allein in die Königsgruft und legte am Sarg Friedrichs des Großen einen Kranz nie-

Die Nationalsozialisten versuchten, das »preußische Erbe« für ihre ideologischen Ziele zu vereinnahmen. Postkarte mit Foto der Garnisonkirche als »Erinnerung« an den »Tag von Potsdam«.

der. Die Orgel setzte dazu mit dem Niederländischen Dankgebet ein: »Wir treten zum Beten vor Gott, den Gerechten.« Im Lustgarten wurden anschließend 21 Schuss Salut geschossen. Der gesamte Staatsakt wurde im Rundfunk übertragen.

Eine Parade vor der Kirche beschloss die Feierlichkeiten. Infanterie, mehrere Schwadrone eines Reiterregiments, die Salutbatterie eines Artillerieregiments und schließlich Bereitschaften der Polizei und der SA sowie Abordnungen des Stahlhelms und der Kriegervereine zogen an der Ehrentribüne vorbei. Reichspropagandaminister Goebbels ordnete kurze Zeit nach dem Staatsakt an, dass die ersten Takte des Stundenliedes »Üb' immer Treu' und Redlichkeit« das neue Pausenzeichen des Deutschlandsenders wie des Deutschen Kurzwellensenders wurden.

Der damalige französische Botschafter in Deutschland Francois-Poncet, der neben anderen ausländischen Diplomaten dem Spektakel beigewohnt hatte, sprach in seinen Erinnerungen von der »Potsdamer Komödie«. Andere Beobachter sahen im »Tag von Potsdam« ein Verderben über Deutschland bringendes Bündnis, wieder andere die Kontinuität einer verhängnisvollen preußisch-deutschen Rolle als weltweiter Aggressor von Friedrich II. bis hin zu Hitler. In der Sicht der alliierten Siegermächte des Zweiten Weltkriegs wurde Potsdam gar zum Sinnbild des deutschen Militarismus schlechthin.

Neues Geläut und Glockenstuhl

Am 22. Oktober 1935 feierte Otto Becker sein 25-jähriges Glockenjubiläum. Nach mancherlei Ehrungen im Laufe des Tages stieg er am Abend auf den Turm, um ein festliches Konzert zu geben. Es war, wie aus dem Glockenbuch hervorging, sein 987. Aufstieg. In der Tür zur Glockenkammer blieb er überrascht stehen. Die Klaviatur war umkränzt und mit Blumen geschmückt. Becker spielte das Tedeum laudamus und den Choral »Ich bete an die Macht der Liebe«. Eine geistliche Abendmusik in der Hof- und Garnisonkirche schloss sich an und gab dem Jubiläumstag die Weihe. An einem Sonntag im Januar 1936 gab Becker das 1000. Glockenkonzert vom Turm der Garnisonkirche.

Ein einziges Mal, für eine Rundfunksendung zu Weihnachten 1938, ist das Glockenspiel der Hof- und Garnisonkirche vierhändig gespielt worden. Becker spielte zusammen mit dem Potsdamer Lehrer und Heimatkomponisten Kurt Heise einleitend die Adventsweise »Wie soll ich dich empfangen«. Dann folgten drei Heimatlieder Heises, darunter das bekannte »Es geht ins Märkerland«, schließlich eine Paraphrase über »Nun ruhen alle Wälder«. Der Aufnahmewagen des Reichssenders Berlin und das vierhändige Spiel auf dem Turm ließen viele Passanten verweilen und zuhören.

Im Frühjahr 1939, kurze Zeit vor Beginn des Zweiten Weltkrieges, erhielt die Hof- und Garnisonkirche noch ein schwingendes Geläut. Der Studienrat Eugen Thiele hatte sich dafür eingesetzt und vorgeschlagen, vier Glocken mit

Am 29. April 1939 wurde das neue Geläut für die Garnisonkirche vom Güterbahnhof durch die Stadt geführt.

den Tönen As, C, Es und F zu beschaffen. Die Tonfolge war passend zum Geläut der Nachbarglocken abgestimmt. Die finanziellen Mittel wurden durch Stiftungen beschafft, mit dem Guss wurde die Glockengießerei Franz Schilling Söhne in Apolda beauftragt. Die Firma hatte schon mehrere Ersatzglocken für das Glockenspiel zur vollen Zufriedenheit hergestellt. Ende Oktober 1938 standen die Formen bereit, im Januar 1939 wurde mitgeteilt, dass der Guss gelungen sei, im Februar wurde das Werk in Apolda abgenommen. Die Prüfung ergab einen überraschend reinen, guten und genauen Klang.

Der Glockenstuhl wurde in halber Höhe des Turms eingebaut. Die Leitung der Arbeiten hatte der Regierungs-

Eine Menschenmenge in der Plantage beobachtete, wie die neuen Glocken mit Eisenträgern, Winden und Flaschenzügen in den Glockenstuhl hinaufgezogen wurden.

oberbaumeister Otto Friedrich vom Preußischen Hochbauamt II in Potsdam. Er ließ den Glockenstuhl in Holz ausführen, obwohl ein Gewicht von nahezu dreizehn Tonnen zu tragen war. Rund 132 Zentner wog allein die große As-Glocke mit einem unteren Durchmesser von 2,09 Meter.

Am Sonnabend, dem 29. April 1939, wurden die Glocken vom Güterbahnhof feierlich eingeholt. Voran ritt auf Schimmeln das Trompeterkorps der Kavallerie, es folgten, von Abordnungen der Militär- und der Zivilgemeinde begleitet, die Wagen mit den Glocken. Heerespfarrer Damrath und die Mitglieder des Gemeindekirchenrates sowie der Stadtkommandant Generalmajor Hartmann und eine große Zuschauermenge warteten in der Parkanlage der Plantage. Dort waren die Glocken drei Tage lang zu besichtigen, bevor sie mit Hilfe von Eisenträgern, Winden und Flaschenzügen in den Glockenstuhl hinaufgezogen wurden.

Der Sonntag Exaudi, der 21. Mai 1939, wurde für die Glockenweihe bestimmt. Fast dreitausend Menschen füllten die Hof- und Garnisonkirche bis auf den letzten Platz, als Heerespfarrer Damrath die Glocken einzeln aufrief und ihnen den Weihespruch gab. Die größte Glocke As war dem Begründer und Erbauer der Kirche, Friedrich Wilhelm I., zugedacht. Die zweite Glocke C trug den Namen Friedrichs des Großen, die Glocke Es erinnerte an die Königin Luise und die Glocke F war Hindenburg geweiht. Dem vierfachen Aufruf folgte als Antwort jeweils das Einzelgeläut der Glocken. Danach vereinigten sich die Glocken

Garnisonkirche Potsdam

Palmsonntag, den 2. April 1939, 20 Uhr

Abschiedskonzert

des Kirchenmusikdirektor

Professor Otto Becker

(1. Juli 1910 bis 31. März 1939)

Eintritt frei

Mitwirkende:

Carla Müller, Sopran
Robert Borchert, Baßbariton
Konzertmeister Edmund Metzeltin, Violine } vom Kurz-
Gerhard Silwedel, Violoncello } wellensender

Vortragsfolge:

Passacaglia in c-moll . . . . J. S. Bach

Hymne für Baßbariton, Violine, Cello und Orgel . . . G. Händel

Dank sei dir, Herr,
du hast uns stets treulich geführt,
leitest uns mit starker Hand.
Wie viele Feinde uns auch bedräun,
Herr, deine Hand schützte uns,
aus lauter Güte gabst du uns Heil!

Thema und Variationen für Violine
in d-moll . . . . A. Corelli (1653—1713)

Zwei Sopranarien aus der Cäcilienode . . . G. Händel
(mit Violine und Cello)

a)

Wie hebt und senkt Musik der Seele Flug!
Als Jubal die erste Laute schlug,
wie lauscht die Schaar da ihrem Sang,
die staunend hin zur Erde sank,

126

Ein Abschied auf Zeit. Professor Otto Becker war nach dem vorübergehenden Ausscheiden noch bis 1945 an der Garnisonkirche tätig.

zum ersten vollen, mächtigen Geläut vom Turm der Garnisonkirche.

Sie läuteten nicht lange. Im Kriege wurden sie herabgenommen, um eingeschmolzen zu werden, doch nach Kriegsende fand man sie unbeschädigt auf einem Glockenfriedhof in Hamburg. Zwei der Glocken kehrten nach dem Kriege nach Potsdam zurück, sie hängen seitdem im Turm der Erlöserkirche.

Am 1. April 1939 war Kirchenmusikdirektor Professor Otto Becker, 69 Jahre alt, aus dem Amt geschieden, das er

Professor Otto Becker war 35 Jahre lang, von 1910 bis 1945, Organist an der Garnisonkirche.

dem von ihm benannten Nachfolger Fritz Werner übergab, nachdem er sich am Palmsonntag mit einem Kirchenkonzert von der Gemeinde verabschiedet hatte. Mit großer Meisterschaft hatte er dabei noch einmal Bachs Passacaglia c-Moll, Händels Thema und Variationen in E-Dur und mit Edmund Metzelthin und Gerhard Silwedel das Concerto für Violine, Viola da Gamba und Orgel in E-Dur von Georg Philipp Telemann gespielt. Robert Borchert sang Händels »Dank sei Dir, Herr« und Carla Müller trug Rezitativ und Arie aus der Solokantate für Sopran »Jauchzet Gott in allen Landen« von Bach vor. Die Gemeinde erhob sich, als der scheidende Orgelmeister die Hof- und Garnisonkirche verließ.

Es war nur ein kurzer Abschied: Ein halbes Jahr später saß Becker wieder auf der Orgelbank. Der Zweite Weltkrieg hatte begonnen, der Organist Werner war eingezogen worden. »Da werde ich also weiterorgeln«, sagte Becker und nahm seinen Platz wieder ein. Als er am 1. Juli 1940 sein 30-jähriges Dienstjubiläum feiern konnte, hatte er es auf nahezu 300 Orgelfeierstunden und auf 60 Kammermusikabende in Potsdam gebracht. Die Zahl seiner Glockenkonzerte war auf 1 600 angestiegen. Es fiel Becker damals schon schwer, die 365 Stufen zur Glockenkammer hinaufzusteigen; aber er tat es immer wieder, von großer Liebe zu seinem »himmlischen Klavier« getragen. So erklang auch während des Zweiten Weltkriegs Ernstes und Heiteres, Weltliches und Pastorales vom Turm der Garnisonkirche. An einem Sonntag im Frühjahr 1944 gab Becker das 2 000. Glockenkonzert. Er starb, 84 Jahre alt, im Oktober 1954 in Potsdam und liegt dort auf dem Neuen Friedhof begraben.

Alljährlich im Spätsommer findet seit 1994 zu seinen Ehren das »Professor Otto Becker Gedächtniskonzert« statt, eine Veranstaltung der Traditionsgemeinschaft Potsdamer Glockenspiel e. V. am neu aufgestellten Glockenspiel in der Plantage.

Untergang im Feuersturm

April 1945. Die russischen Truppen standen zwischen Küstrin und Berlin, die Amerikaner dicht vor der Elbe. Der Krieg ging nach fast sechs Jahren dem Ende zu. Der Oberbürgermeister und der Militärkommandant setzten sich dafür ein, Potsdam zur offenen Stadt zu erklären, die nicht verteidigt werden würde. Rund 37 000 Frauen und Kinder und 30 000 Flüchtlinge befanden sich in der Stadt.

Schon schien es, als sei diesen Bemühungen Erfolg beschieden. Der Verteidigungsring um Berlin wurde auf Nikolassee und Grunewald zurückgenommen, zusätzliche Lazarette wurden nach Potsdam verlegt. Da geschah das Unglaubliche: Potsdam wurde vom Oberkommando des Heeres zur Festung erklärt, ein so genannter Kampfkommandant ernannt und angewiesen, die Stadt bis zum letzten Mann zu verteidigen. Doch bevor es dazu kam, brach das Verderben über Potsdam aus der Luft herein.

Am Sonnabend, dem 14. April 1945, heulten gegen 22.15 Uhr die Luftschutzsirenen. Die Menschen gingen in die Keller – nicht anders als sonst und ohne besondere Furcht. Potsdam war bisher von Luftangriffen verschont geblieben, lediglich vereinzelt waren Bomben auf das Stadtgebiet gefallen, ein Flugzeug war in ein Haus gestürzt. Doch an diesem Abend erschienen die Leuchtsignale, die so oft im Nordosten, am Himmel über Berlin gestanden hatten, als Unheilkünder über der eigenen Stadt. Ein Summen, Flattern und Rauschen war plötzlich in der Luft. Die Bombenschächte hatten sich geöffnet, Bomben

Am 14. April 1945 legte ein Bombenangriff der Royal Air Force die Potsdamer Innenstadt in Schutt und Asche.

schlugen krachend, berstend, donnernd in die Altstadt mit ihren vielen Bau- und Kunstdenkmalen ein. Brandbomben und Phosphorkanister vollendeten das Werk der Vernichtung.

Welle um Welle flogen fast 500 britische Bomber am nachtdunklen Himmel ihr Ziel an, Welle um Welle warfen sie ihre Tod bringende Last auf Potsdam. Nur 20 Minuten dauerte der Angriff, dann war die Residenz der preußischen Könige vernichtet. Ganze Straßenzüge waren niedergelegt, die Altstadt fast völlig zerstört. Auf dem Bahnhof explodierte ein Munitionszug. Das Elektrizitätswerk und die Gasanstalt waren getroffen, die Telefonverbindungen unterbrochen. Das Schlimmste aber war, es fehlte Wasser zum Löschen. In langen Schläuchen musste es von der Havel und von Kanälen her an die Brandherde herangeschafft werden. Wertvolle Zeit ging so verloren.

Es gab kaum ein Vorwärtskommen in dieser Nacht, dicht lagerten Staub und Qualm über der geschlagenen Stadt. Die Trümmer lagen meterhoch und versperrten die Straßen. Und immer weiter stürzten Häuser in sich zusammen, sprühten Funken und Flammen hoch auf zum Himmel. Verzweifelt versuchten die Potsdamer, Menschen und Habseligkeiten aus eingestürzten Häusern und brennenden Wohnungen zu retten. Der Turm der Garnisonkirche ragte noch auf, die Kirche stand noch, aber ringsum loderten Brände. Gegen Mitternacht brachen dann an mehreren Stellen zugleich die Flammen aus dem Kirchendach hervor. Nach kurzer Zeit schon stürzte der Dachstuhl ein. Dann neigte sich die Turmspitze und riss das Glockenspiel mit in die Tiefe. Als der Morgen graute, war die Hof- und Garnisonkirche eine brandgeschwärzte, schwelende Ruine. Vernichtet waren auch das Stadtschloss und die Nikolaikirche. Allein das abseits gelegene Schloss Sanssouci, das

Neue Palais und Schloss Cecilienhof waren unversehrt geblieben.

Der Wehrmachtsbericht meldete am Sonntag, dem 15. April 1945: »Potsdam, die historische Residenz Friedrichs des Großen, war das Ziel eines nächtlichen britischen Terrorangriffs. Erhebliche Teile der Altstadt mit ihren zahlreichen historischen Bauten, darunter die Garnisonkirche, wurden vernichtet.«

Das Hauptquartier der Royal Air Force teilte mit: »Potsdam besteht nicht mehr. In der Nacht zum Sonntag wurde die Stadt, nachdem festgestellt worden war, daß dort das deutsche Oberkommando sich niedergelassen hatte und von Potsdam aus die Gesamtverteidigung Zentraldeutschlands leitete, durch ein Flächenbombardement von 750 ›Lancester‹ und ›Halifax‹ in Schutt und Asche gelegt. Die Luft- und Bodenverteidigung Potsdams versagte völlig.« Davon, dass sich das Oberkommando des deutschen Heeres in Potsdam niedergelassen hätte, konnte keine Rede sein. Lediglich der Oberbefehlshaber der Luftwaffe, Göring, hatte sein Hauptquartier in Wildpark, nordwestlich der Stadt, das nicht angegriffen wurde.

Gerettet worden waren die wertvollen Altargeräte und Kruzifixe der Garnisonkirche, die in der Königsgruft gelagert waren, wo sie den Feuersturm überstanden. Aus einem Panzerschrank in der Sakristei konnten zudem Abendmahls- und Taufgeräte sowie Aufzeichnungen geborgen werden. Das Glockenbuch, in dem alle Glockenkonzerte verzeichnet waren, und das jahrhundertealte Turmgästebuch waren unwiederbringlich verloren. Verbrannt waren auch andere wertvolle Aufzeichnungen sowie Noten und Manuskripte, die das musikalische Leben in Potsdam betrafen und die Becker auf der Orgelempore und in der Glockenkammer aufbewahrt hatte.

Die Irrfahrt der Königssärge

Mehr als 150 Jahre hatten die beiden Königssärge in der Gruft der Hof- und Garnisonkirche gestanden: der schwere schwarze Marmorsarg Friedrich Wilhelms I. und der schmucklose Zinnsarg Friedrichs II. Im Februar 1945, wenige Wochen vor dem Luftangriff, waren sie unter strenger Geheimhaltung ausgelagert worden. Einzelheiten über die Bergung der Särge verdanken wir Pastor Harald Stier, der damals nach einer Verwundung dem Ersatzbataillon 68 in Potsdam angehörte.

Nach der Erinnerung von Pastor Stier stellte sein Kommandeur, Freiherr von Lüning, im Februar eine Gruppe von zwölf Offizieren samt Hilfsmannschaft zur Auslagerung der Särge zusammen. Allen Beteiligten wurde Geheimhaltung ausdrücklich zur Pflicht gemacht. Sie brachen nach Einbruch der Dunkelheit aus der Kaserne in der Priesterstraße in loser Ordnung auf, um jegliches Aufsehen zu vermeiden, und führten Gerätschaften und Fackeln mit.

Vor der Garnisonkirche standen zwei Lastkraftwagen der Wehrmacht bereit, Zivilpersonen waren nicht anwesend, auch nicht der zuständige Pfarrer Schröder und der Küster. Nach Eintritt in die Kirche wurden die Fackeln entzündet und die Gittertür zur ebenerdigen Gruft geöffnet, in mühevoller Arbeit danach die Särge geborgen und zum Abtransport auf die Lastkraftwagen verladen.

Schon der Zinnsarg Friedrichs, an dem sich keine Handgriffe befanden, konnte nur unter großer Anstren-

Das Kellergewölbe der Gruftkammer, nach dem Bombenangriff vom April 1945 auf das nackte Mauerwerk reduziert. Die Särge Friedrichs des Großen und des Soldatenkönigs waren von den Nationalsozialisten unter strenger Geheimhaltung ausgelagert worden.

gung aus der Gruft geschoben werden. Als unmöglich aber erwies es sich, den Marmorsarkophag Friedrich Wilhelms abzutransportieren. Das Bergungskommando beschloss deshalb, den Sarkophag zu öffnen und zurückzulassen und nur den darin befindlichen Sarg aus Mooreiche mitzunehmen. Bei dem Versuch, den Sarkophag zu öffnen, zerbrach der schwere Deckel. Es ist nicht sicher, ob er vorsätzlich aufgebrochen wurde oder bei den angestrengten Bemühungen zersprang. Der Eichensarg wurde nach der sicheren Erinnerung von Pastor Stier ungeöffnet abtransportiert. Anders lautende Berichte, die von der Öffnung des Sarges wissen wollen und sogar über den Zustand des Leichnams Mitteilung machen, gehören in den Bereich der Legende.

Gleichzeitig mit der Bergung der Särge wurden alle Fahnen und Standarten von den Pfeilern der Garnisonkirche abgenommen, was im Fackelschein mühevoll und zeitaufwendig war. Die Fahnen wurden in Listen erfasst, in Überzüge aus Wachstuch gesteckt und zu den Särgen auf die Lastkraftwagen gelegt.

Erst gegen Mitternacht war die Bergungsaktion beendet. Sie war ohne jedes Aufsehen und ohne Störung erfolgt. Während die Wehrmachtsfahrzeuge mit unbekanntem Ziel abfuhren, kehrte das Kommando zu Fuß in die Kaserne zurück.

Die erste Etappe der Irrfahrt der Königssärge durch Deutschland hatte begonnen und sie führte zunächst nach Wildpark, ins Hauptquartier des Oberbefehlshabers der Luftwaffe. Hier wurden Särge und Fahnen in einen Bunker gebracht, in dem bereits die Särge des ehemaligen Reichspräsidenten und Generalfeldmarschalls Paul von Hindenburg und seiner Frau standen. Sie waren im Januar 1945 aus dem Tannenbergdenkmal in Ostpreußen geborgen und von Königsberg aus mit dem Kreuzer »Emden« über die Ostsee geschifft worden.

Über den weiteren Fortgang informiert ein Bericht des ehemaligen Hauptmanns und Adjutanten im Oberkommando des Heeres, Wilfried Segebarth. Hauptmann Segebarth erhielt am 11. März, einem Sonntag, den Befehl, sich in Potsdam beim Stadtkommandanten, General von Wulffen, zur Durchführung eines Sonderauftrages zu melden. Ihm wurde der Weitertransport der Königssärge und der Hindenburgsärge in ein Salzbergwerk nach Thüringen anvertraut. Auch die Fahnen aus der Garnisonkirche sowie weitere Kisten mit Kunstgütern sollten mit diesem Transport in Sicherheit gebracht werden. Segebarth spricht von alten Musikinstrumenten, Wandteppichen und der Bibliothek Friedrichs des Großen.

Im Hauptquartier »Kurfürst« in Wildpark erhielt der Hauptmann am 12. März Einblick in das weit verzweigte Bunkersystem mit Gasschleusen und einem eigenen unterirdischen Krankenhaus. Angehörige des Potsdamer Infanterie-Regiments Nr. 9 waren bereits damit beschäftigt, das Transportgut zu verpacken und wiederum in Listen zu erfassen. Vom Panzerzeugamt Magdeburg war für den Transport ein überschwerer Lastzug von 30 Meter Länge bereit gestellt worden.

Die Fahrt sollte in zwei Etappen vom Hauptquartier »Kurfürst« zunächst zum Panzerzeugamt Magdeburg-Buchau, dann über das Heeresfeldzeugamt in Sondershausen nach Bernterode im Kreis Heiligenstadt auf dem Eichsfeld führen. In Bernterode produzierten damals in stillgelegten Stollen eines Salzbergwerkes Zehntausende von Zwangsarbeitern Zubehörteile für die Rakete »V2«. Hier sollten in einem Seitenstollen die geborgenen Särge und verschiedene Kulturgüter unterirdisch gelagert werden.

Am Abend des 13. März 1945 verließ der Transport im Schutze der Nacht Wildpark in Richtung Autobahn und erreichte über Magdeburg und Aschersleben in den frühen Morgenstunden Naumburg. Nach kurzer Rast ging die Fahrt ohne Zwischenfälle über Nordhausen nach Bernterode weiter. Gegen 17 Uhr traf man am Zielort ein. Zur Überraschung des Transportleiters waren in Bernterode keinerlei Vorkehrungen für die Aufnahme getroffen worden. Es war nicht einmal eine Information über die Ankunft des Transportes eingegangen, vermutlich eine Folge eines vorangegangenen nächtlichen Luftangriffs auf das Feldzeugamt in Sondershausen. Der zunächst misstrauische und abweisende Leiter der Munitionsfabrik ließ sich nur mit Mühe von der Rechtmäßigkeit des Auftrages überzeugen.

Segebarth berichtet, es sei überaus schwierig gewesen, die Särge in das Bergwerk einzubringen. Im Förderkorb, der zu geringe Ausmaße hatte, hätten sie hochkant gestellt werden müssen. Besondere Mühe verursachte dabei wieder der sehr große und überschwere Zinnsarg Friedrichs. Es dauerte viele Stunden, bis – in der Nacht – alles Gut in einem Gewölbe neben dem Haupteingang des Bergwerks abgestellt war. Zur Sicherheit wurden fotografische Aufnahmen gemacht und auch Zeichnungen angefertigt. Ein Bestandsverzeichnis wurde am Ort zurückgelassen, danach die Wölbung mit Steinsalzbrocken verschlossen und getarnt. Die neben den Militärs beteiligten Feuerwerker und der Schachtmeister mussten durch Unterschrift ihre Geheimhaltungspflicht bezeugen. Die Fotos, Zeichnungen und das Bestandsverzeichnis haben sich bis heute nicht auffinden lassen.

Einen Monat später erreichten amerikanische Truppen Thüringen, drangen am 27. April in das Salzbergwerk ein und stießen dort auf die Särge und das übrige Gut. Als sie im Juni 1945 – entsprechend früheren Abmachungen mit der Sowjetunion – Thüringen verließen, nahmen sie Särge und Kunstgüter mit. Die Särge tauchten danach in der hessischen Universitätsstadt Marburg auf, wo sie zunächst in einem Keller des Schlosses, später in einem Kellerraum des Staatsarchivs untergestellt waren.

Am 21. August 1946 wurden Friedrich Wilhelm I. und Friedrich II., wenige Tage darauf auch die Hindenburgs, in der Marburger Elisabethkirche neu beigesetzt. Der Wunsch, die Kirche dafür zur Verfügung zu stellen, war von zwei amerikanischen Offizieren sowie einem hohen Beamten der hessischen Staatsregierung und von Oskar von Hindenburg, dem Sohn des Reichspräsidenten, gemeinsam an den Pfarrer von St. Elisabeth herangetragen worden. Auch der Pfarrer, Dr. Hans Schimmelpfeng, wurde zur Verschwiegenheit verpflichtet.

Als Standorte für die beiden Königssärge wurden der Elisabethchor, für die Hindenburgsärge die nördliche Turmhalle festgelegt. Mit den Ausschachtungs- und Maurerarbeiten wurde unverzüglich begonnen, der Bauplatz abgesperrt. Als schwierig erwies sich die Herrichtung der Hindenburggruft, weil die Turmhalle auf meterdicken Fundamenten stand. Die Gruft konnte deshalb nicht ganz versenkt, sondern nur ebenerdig angelegt werden.

An der Beisetzung der Königssärge in der Elisabethkirche nahmen am 21. August nur wenige ausgesuchte Personen teil. Darunter waren neben amerikanischen Offizieren und hessischen Staatsbeamten mehrere Mitglieder des Hauses Hohenzollern, an der Spitze Prinz Louis Ferdinand und Prinzessin Kira von Preußen. Die Öffentlichkeit war ausgeschlossen. Berichten von Pfarrer Schimmelpfeng zufolge ist es eine Legende, dass sich während der Trauerfeier eine nach Hunderten zählende Menschenmenge vor der Kirche versammelt hätte. Die Särge waren erst im Morgengrauen, von der Öffentlichkeit völlig unbemerkt, auf einem LKW vom Staatsarchiv zur Elisabethkirche gefahren worden. Der Vorgang vollzog sich unter völliger Geheimhaltung, wohl weil die Besatzungsmacht fürchtete, er könnte nationalistische Emotionen auslösen.

Pfarrer Schimmelpfeng hielt eine christliche Feier mit Orgelmusik und Texten aus der Heiligen Schrift; seiner Predigt legte er das Wort Jesaja 40, 6–8: »Was soll ich predigen?« zu Grunde. Die Trauergemeinde verließ danach unauffällig die Kirche. Auf ähnliche Weise fand vier Tage später, am 25. August 1946, die Wiederbeisetzung der beiden Hindenburgsärge statt. Die Predigt hielt Pfarrer Bücking von der Elisabethkirche. Auch hier war die Befürchtung der Besatzungsmacht, es könnte zu Demonstrationen kommen, bestimmend für den Ablauf der Feierstunde. Spätere Berichte, nach denen Oskar von Hindenburg an diesem Tage zu Fuß durch die Stadt gegangen sei, als schritte er hinter den Särgen der Eltern, und denen zufolge schwere Grabplatten hätten auf die Gruft gelegt werden müssen zum Schutze vor Leichenraub, sind ebenfalls Legenden.

Während Paul von Hindenburg und seine Frau noch heute in der Elisabethkirche ruhen, war die Reise für die beiden Königssärge in Marburg noch nicht zu Ende. Im Jahre 1952 wurden sie erneut aus der Gruft gehoben und auf die Burg Hohenzollern bei Hechingen übergeführt. Schon vor der Beisetzung in Marburg hatte das Haus Hohenzollern den Wunsch geäußert, die Särge der beiden Könige auf die schon im 9. Jahrhundert erwähnte und im 19. Jahrhundert in neugotischem Stil wiederaufgebaute Burg zu bringen. Durch die Ungunst der Stunde, wie das Haus Hohenzollern zurückhaltend formuliert, hätte sich dieser Plan als nicht durchführbar erwiesen. Die Ungunst bestand darin, dass die für Württemberg und Baden zuständige französische Besatzungsmacht ihre Zustimmung verweigert hatte.

Im Herbst 1951 konnte Prinz Louis Ferdinand als nunmehriges Oberhaupt des Hauses mit mehr Aussicht auf Erfolg bei der Bundesregierung, der Hessischen Staatsregierung und der Evangelischen Kirche in gleicher Angelegenheit vorstellig werden. Es wurden nun von keiner Seite mehr Bedenken gegen die neuerliche Umbettung erhoben, sondern lediglich der Wunsch geäußert, die Überführung möge in aller Stille stattfinden.

Am Morgen des 28. August 1952, um 6.30 Uhr, begann die vorletzte Etappe der Reise für die Potsdamer Königssärge. Polizei hatte die Elisabethkirche abgeriegelt, Fotografieren war streng untersagt. Schon am Abend vorher waren die Särge aus der Gruft gehoben worden. Auf Burg Hohenzollern fand am Sonntag, dem 14. September 1952, eine kirchliche Gedenkfeier statt aus Anlass der Aufstellung der Särge in der Schlosskapelle. Die Gedächtnisrede hielt Hof- und Oberdomprediger D. Bruno Doehring aus Berlin. Er stellte sie unter das Wort: »Gott, Dein Weg ist heilig!« und hob hervor, dass man zu einer gottesdienstlichen Feierstunde zusammengekommen wäre, nicht zu schwärmerischem Heroenkult und nicht zu politischer Demonstration.

Neben Prinz Louis Ferdinand und Prinzessin Kira von Preußen nahmen zahlreiche andere Mitglieder des Hauses an der Gedenkfeier teil, auch Angehörige der Sigmaringer Linie der Hohenzollern. Drei Generationen erwiesen den Toten die Ehre. Auch Vertreter anderer Fürstenhäuser, dazu Repräsentanten der Politik, Kunst und Wissenschaft waren der Einladung gefolgt. Die Bundesrepublik Deutschland war durch Bundestagspräsident Dr. Ehlers und Bundesinnenminister Dr. Lehr offiziell vertreten. Hinzu kamen der Ministerpräsident von Württemberg-Baden, Dr. Reinhold Maier, Bundespressechef Felix von Eckardt und die Bundestagsabgeordneten Dr. Gerstenmaier und Dr. von Merkatz. Anwesend waren auch der Rektor und die Dekane der Universität Tübingen, der Theologe Helmut Thielicke, die Dichter Ernst Jünger und

Reinhold Schneider. Die Ostdeutschen Landsmannschaften hatten zwanzig führende Vertreter entsandt.

Fünfzehn Jahre später, im Mai 1967, wurde Friedrich Wilhelm I. in einen neuen Sarkophag gebettet, der in Form und Ausmaß demjenigen in der Potsdamer Garnisonkirche nachempfunden ist, sich in Farbe und Material aber unterscheidet. Er ist aus handgetriebenem rotem Kupferblech auf massivem Fichtenholz gearbeitet: eine Meisterleistung kunstgewerblicher Arbeit aus einer Werkstatt in Mühlhofen bei Meersburg am Bodensee. Einziger Schmuck des Sarkophags sind eckige und runde Felder, von denen eines die Aufschrift trägt: »Friedrich Wilhelm I., König in Preußen«.

Bereits im Jahre 1952 hatte das Haus Hohenzollern wissen lassen: »An dem Tag, an dem Deutschland in Freiheit wieder vereinigt ist, werden – so Gott will – die sterblichen Überreste der beiden Preußenkönige nach Potsdam zurückkehren.« Nachdem 1990 die Einheit vollzogen war, wurden die Särge im Sommer 1991 in einem Sonderzug der Bundesbahn von der Burg Hohenzollern nach Potsdam zurückgebracht – öffentlich und unter großer Anteilnahme. Auf vielen Bahnhöfen hatten sich Menschen versammelt, um den toten Königen Ehre zu erweisen. Friedrich der Große wurde in seinem Zinksarg an seinem 205. Todestag, dem 17. August 1991 – nicht unumstritten mit militärischen Ehren – in der Gruft beigesetzt, die er auf dem Ostteil der Terrasse von Sanssouci noch selbst hatte anlegen lassen. Eine schlichte weiße Marmorplatte, die nur seinen Namen trägt, schließt die Gruft ab.

Nach der Zerstörung: Breite Straße und Garnisonkirche.

Der Sarkophag Friedrich Wilhelms I. wurde im Mausoleum an der Friedenskirche, am Rande des Parks Sanssouci, aufgestellt. Das Mausoleum war 1888 – 1890 für Kaiser Friedrich erbaut worden, dessen Sarkophag hier neben dem der Kaiserin Viktoria, der »englischen Prinzessin« steht. Es erscheint zweifelhaft, ob mit dieser eher zufälligen Lösung die Odyssee des Sarges des Soldatenkönigs beendet sein wird.

Neues Gemeindeleben in der Ruine

Potsdam blieb auch nach 1945 Garnisonstadt, allerdings unter anderen ideologischen Vorzeichen. Hinter weiß gestrichenen Bretterzäunen verbargen sich in den alten Kasernengebäuden vor allem im Norden der Stadt bis 1990 sowjetische Militäranlagen. Kirchen für die Soldaten waren jedoch in einer »sozialistischen Garnisonstadt« nicht mehr gefragt.

In der Ruine der Hof- und Garnisonkirche regte sich wenige Jahre nach dem Kriege neues Leben. Die Zivilgemeinde schuf unter dem Namen »Heilig-Kreuz-Kapelle« eine neue Andachtstätte im Turmstumpf, nachdem sie Eigentümerin der Ruine geworden war. Die Kapelle wurde verputzt und ausgemalt und im Jahre 1950 eingeweiht.

Rund 150 Personen fanden in ihr Platz, ausreichend für die Bedürfnisse der Gemeinde. Der Grundriss war kreuzförmig mit vier Flügeln, von denen drei bestuhlt waren. Im nördlichen vierten Flügel standen der Altar, ein Kanzelpult und das alte Taufbecken. Bei dem Altar handelte es sich um den ehemaligen Feldaltar Friedrich Wilhelms I. Auch ein kleines Orgelpositiv und eine winzige Sakristei waren vorhanden.

Neben den sonntäglichen Gottesdiensten fanden zahlreiche Taufen und auch Trauungen in dem neuen Kirchenraum statt. Zwei kleine Glocken, aus den geschmolzenen Resten des alten Glockenspiels bei Schilling in Apolda gegossen, wurden im ersten Turmgeschoss über der Kapelle aufgehängt. Mehr als eineinhalb Jahre lang zeugte ihr Geläut von dem gottesdienstlichen Leben der Heilig-Kreuz-Gemeinde.

Der Turm beherrschte auch als Ruine noch das Stadtbild. Rund 60 Meter hoch ragte er auf, fast bis zur alten Turmbefreiung. Die Fensterhöhlen waren schwarz und leer, der meiste Zierat abgeschlagen, der Putz abgebröckelt und die Farbe vergilbt. Doch die meterdicken Mauern des Turmes wie die fest und stark gebauten Umfassungsmauern des Kirchenschiffs trotzten Wind und Wetter. Erst Dynamit konnte sie stürzen.

Zu Beginn der sechziger Jahre begann die Diskussion über die Zukunft der Ruine und sie bewegte die Menschen weit über Potsdam hinaus. Stadtplaner plädierten dafür, dass sie einer Verbreiterung der Breiten Straße, damals Wilhelm-Külz-Straße, zur großen Ausfallstraße nach Brandenburg weichen sollte. Hinter dieser Planung stand der Wille der Sozialistischen Einheitspartei SED, das architektonische Zeugnis preußischen Geistes zu tilgen.

In weitaus schwächerer Position waren diejenigen, die dafür eintraten, die Ruine zu erhalten, sie später sogar wiederaufzubauen, unter Berufung darauf, dass die Garnisonkirche das Hauptwerk des Baumeisters Philipp Gerlach und eines der schönsten Zeugnisse norddeutscher Barockbauten war. Sollte das Bauwerk dafür büßen müssen, fragten sie, dass es für politische, seiner Bestimmung entgegenstehende Zwecke von den Nationalsozialisten missbraucht worden war?

Vergeblich wurde auf den Wiederaufbau der Neuen Wache und des Zeughauses in Ost-Berlin verwiesen, verge-

Ausgebrannt und stark beschädigt bot noch die Ruine der Garnisonkirche einen imposanten Anblick. Turm und Umfassungsmauern trotzten jahrzehntelang Wind und Wetter.

blich auf die Rekonstruktion historischer Bauwerke in Polen und in der Sowjetunion. Selbst das Argument, dass die Garnisonkirche als Anziehungspunkt für den Fremdenverkehr nicht weniger bedeutend sei als Sanssouci und die anderen Schlösser oder die Parks von Josef Peter Lenné, verfing nicht.

Der Atheismus als offizielle Weltanschauung schloss die Bekämpfung des christlichen Glaubens und seiner Institutionen in der DDR von Anfang an ein. Zwar endete der »Kirchenkampf« vordergründig während der Zeit des so genannten »Neuen Kurses«, der nach dem Volksaufstand vom 17. Juni 1953 eingeschlagen wurde, doch nach wie vor wurde der Kirche das Leben und Überleben von Seiten der Administration schwer gemacht. Doch dies war nicht einmal der wichtigste Aspekt bei der Entscheidung über Erhalt oder Abriss der Garnisonkirche: vor allem ging es den Machthabern der DDR um die Beseitigung eines verhassten Symbols, darum, »dieses Symbol des preußischen Militarismus aus dem Gedächtnis der Bürger der Stadt zu tilgen«, wie hohe Funktionäre es formulierten.

Erst unter der Regierung Erich Honeckers begann die DDR, mit der Parole neuer Unbefangenheit gegenüber der Geschichte ihr starres Feindbild von Preußen behutsam zu korrigieren. Das Standbild Friedrichs des Großen, bis dahin im Park von Sanssouci gleichsam versteckt, kehrte an seine angestammten Platz Unter den Linden in Berlin zurück. Die erste wissenschaftlich fundierte Biografie Friedrichs im SED-Staat konnte erscheinen. Doch für die Potsdamer Garnisonkirche kam diese Entwicklung zu spät.

Aus Resten des eingeschmolzenen Glockenspiels nach dem zweiten Weltkrieg gegossen: zwei kleine Glocken in der Turmruine.

Aus dem Stadtbild getilgt

Der Kirchenkreis Potsdam, die Evangelische Kirche Berlin-Brandenburg wie auch die Evangelische Kirche der Union sahen und sehen bis heute keinen gottesdienstlichen Bedarf für einen Wiederaufbau der Potsdamer Garnisonkirche mit fast 3 000 Plätzen. Für die Heilig-Kreuz-Gemeinde war die Kapelle im Turmuntergeschoss groß genug. Als die Kapelle 1966 von den Behörden gesperrt wurde, errichtete die Evangelische Kirche ein Gemeindezentrum in der nahe gelegenen Kiezstraße mit einem ausreichend großen Raum für gottesdienstliche Zwecke.

Der letzte Gottesdienst in der Heilig-Kreuz-Kapelle fand am Reformationsfest, dem 31. Oktober 1966, statt. Danach blieb des Betreten des Turmes von den Baubehörden, angeblich aus Sicherheitsgründen, nahezu zwei Jahre lang, vom Herbst 1966 bis zum Frühsommer 1968, untersagt. Vom Turm herabfallende Trümmerstücke, hieß es, könnten Fußgänger und den Verkehr auf der nördlichen Fahrbahn der Wilhelm-Külz-Straße gefährden. Was sich in dieser Zeit hinter den Kulissen und unter Ausschluss der Öffentlichkeit abspielte, ist erst nach 1989 durch Aussagen Beteiligter und Presseberichte offenkundig geworden.

Der Rat der Stadt hatte 1966 ein Konzept vorgelegt, das die Sicherung des Turmes vorsah und damit auch den Fortbestand und die Nutzung der Heilig-Kreuz-Kapelle. Die Turmruine sollte als Mahnmal gegen Krieg und Militarismus erhalten bleiben. Dieses Konzept wurde von der

Nahezu unversehrt: das barocke Hauptportal an der Südseite des Turmes zur Breiten Straße hin.

»Städtebauliche Konzeption für den beschleunigten Aufbau des Stadtzentrums von Potsdam« – Modell von 1970.

Evangelischen Kirche wie vom Potsdam Museum, dem früheren Heimatmuseum, mitgetragen.

Die gegenteilige Entscheidung fiel in Berlin, im Politbüro der SED: Die Ruine sollte aus dem Stadtbild getilgt werden. Dem damaligen Verständnis nach war das eine Entscheidung in höchster Instanz und dem Rat der Stadt blieb nichts anderes übrig, als sich zu fügen. Er führte die Abrissanordnung zunächst im Volkswirtschaftsplan für das Jahr 1968 verdeckt unter der Position »Baubeginn für das Rechenzentrum am Standort Plantage«.

Als der Volkswirtschaftsplan Anfang 1968 in der Stadtverordnetenversammlung zur Verabschiedung anstand, erbat der Abgeordnete Siegfried Lachmann Auskunft darüber, ob es sich bei der im Zusammenhang mit dem Bau des Rechenzentrums erwähnten Enteignung eines städtischen Grundstücks um das der Garnisonkirche handele. Als diese Frage bejaht wurde, hatte Lachmann den Mut, gegen den Antrag zu stimmen – ein für damalige Verhältnisse im SED-Staat unerhörter Vorgang.

Der endgültige Abrissbeschluss lag den Stadtverordneten für die Sitzung am 26. April 1968 vor, als es um den dreispurigen Ausbau der Wilhelm-Külz-Straße ging. Durch einen Geschäftsordnungsbeschluss wurde es dem Kreiskirchenrat verwehrt, in der Sitzung Argumente für den Erhalt der Kirchenruine geltend zu machen. An dessen Stelle trat jedoch der Abgeordnete Dr. Gebhard Falk von der Liberalen Demokratischen Partei Deutschlands, einer der so genannten Blockparteien, gegen den Abriss auf. Falk argumentierte, dass es keinen Grund gebe, die Kirche, ein Baudenkmal, dafür zu strafen, dass sie in der Vergangenheit für politische Zwecke missbraucht worden war. Am Ende stimmten vier Abgeordnete gegen den Abriss, darunter Lachmann und Falk. Die große Mehrheit befürwortete den Antrag.

Das Potsdam Museum und die Kirchengemeinde retteten, was zu retten war. Das Museum stellte das Eingangsgitter zur Turmruine sicher, eine hervorragende Schmiedearbeit aus dem 18. Jahrhundert, sowie Figurenwerk aus Stein. Die Kirche trug Sorge um den Feldaltar, das Taufbecken und Kelche. Der Altar kam in die Marienkirche nach Berlin, sakrale Gegenstände sowie eine der beiden

Noch steht die Fassade. Wenige Tage später ist auch sie restlos aus dem Stadtbild getilgt. Ein meisterliches Bauwerk musste einer geplanten Straßenverbreiterung und einem Rechenzentrum weichen.

Die Sprengung der Ruine wurde zu dokumentarischen Zwecken gefilmt, in der Presse jedoch totgeschwiegen.

neu gegossenen Glocken erhielt die wiederaufgebaute Schinkelsche Nikolaikirche in Potsdam.

Im Mai und Juni 1968 wurden erst die Umfassungsmauern des Kirchenschiffs niedergelegt, dann ein Keil aus dem Erdgeschoss des Turmes herausgesprengt, doch nur die hintere Front des Turmes fiel. Proteste kirchlicher Stellen und anderer öffentlicher Institutionen in West-Berlin und in der Bundesrepublik wie auch aus dem westlichen Ausland verhallten ungehört oder wurden als Propaganda abgetan. Als am Vormittag des 23. Juni 1968, einem Sonntag, die letzten Sprengladungen an der Turmfassade gezündet wurden, war das Areal weithin von Volkspolizei abgesperrt. Feuerwehr- und Rettungswagen waren aufgefahren. Die Sprengung lag in den Händen von Experten des Autobahnbaukombinats Magdeburg, die das Unternehmen für Lehrzwecke auch filmten.

Bezeichnend für die Machtverhältnisse im SED-Staat 1968 war, dass die lokale Presse sich zum Stillschweigen über den bevorstehenden Abriss der Kirchenruine verpflichten ließ. Verheimlichen ließ sich der Beschluss der Stadtverordneten jedoch nur einen Monat lang bis zum Beginn der Abrissarbeiten. Noch als bereits gesprengt war und abgetragen wurde, enthielt sich die örtliche Presse jeder Veröffentlichung. Erst am 25. Juni 1968, zwei Tage nach Beendigung der Arbeiten, brach die Bezirkszeitung »Brandenburgische Neueste Nachrichten« das Schweigen und teilte in einer kurzen Meldung mit, dass der Turm der ehemaligen Garnisonkirche gesprengt worden sei und damit die Voraussetzungen für den Ausbau der Wilhelm-Külz-Straße und für den Baubeginn des geplanten Rechenzentrums auf der Plantage gegeben wären. Abgesehen von dieser Kurzmeldung war die Garnisonkirche in Presse, Hörfunk und Fernsehen kein Thema mehr.

Das Schicksal der Potsdamer Hof- und Garnisonkirche schien damit endgültig besiegelt: Einer der schönsten barocken Kirchtürme im nördlichen Deutschland war, wie zuvor schon das Potsdamer Stadtschloss, dem Erdboden gleich gemacht – ohne zwingenden Grund, auf Geheiß engstirniger Funktionäre, die meinten, Kirchen und Schlösser wären reaktionäre Relikte und hätten einer »so-

Die Sprengung des Kirchturms am 23. Juni 1968.

Der Neubau des Rechenzentrums in der Plantage.

zialistischen Magistrale« zu weichen. Die Funktionäre hatten die Macht, Garnisonkirche und Schloss aus dem Stadtbild zu tilgen, nicht jedoch aus der Erinnerung der Menschen.

Pläne für den Wiederaufbau

Zwei Jahrzehnte später hat das frei gewählte Stadtparlament in Potsdam den damaligen Abrissbeschluss als einen Akt kultureller Barbarei verurteilt, durch den die Stadt eine architektonische Meisterleistung von europäischem Rang verloren habe.

Die Erinnerung an das Glockenspiel wurde in West-Berlin und in der westfälischen Garnisonstadt Iserlohn wach gehalten. Von der Ausflugskirche St. Peter und Paul auf Nikolskoe erklangen seit dem Bau der Mauer 1961 vom Tonband die Stundenlieder »Üb' immer Treu' und Redlichkeit« und »Lobe den Herren« über die Havel. Seit dem 1. Advent 1985 verfügt St. Peter und Paul über ein eigenes Spiel von 24 Glocken, im holländischen Aarle-Rixtel bei Eindhoven gegossen und so angelegt, dass es auch für die Stundenlieder des Potsdamer Spieles taugt. Wenn der Wind günstig stand, trug er die Töne hinüber bis nach Potsdam, an die Stätte ihres Ursprungs.

In der Stadt Iserlohn stiftete die »Traditionsgemeinschaft Potsdamer Glockenspiel« in den achtziger Jahren ein Spiel, das mit dem erklärten Ziel aufgestellt wurde, es nach Wiederherstellung der deutschen Einheit nach Potsdam zu überführen. In der ersten Ausbaustufe vom November 1984 hatte das Spiel neun Glocken. Im April 1984 wurde es auf 24 Glocken und im Juni 1987 auf 40 Glocken erweitert. Seitdem erklangen auch in Westfalen die Stundenlieder der Potsdamer Garnisonkirche, wenngleich in einer helleren Tonfärbung.

Am 14. April 1991, am 46. Jahrestag des verhängnisvollen Luftangriffs auf die preußische Hof- und Residenzstadt, ist das Glockenspiel aus Iserlohn in Potsdam aufgestellt worden – in der Plantage, beim ehemaligen Standort der Garnisonkirche. An einem Stahlgerüst aufgehängt, lassen die 40 Glocken seitdem wie früher die Stundenlieder »Üb' immer Treu' und Redlichkeit« und »Lobe den Herren« erschallen – zur Erinnerung und zur Mahnung, aber auch als ein Zeichen von Hoffnung und Zuversicht. Es besteht Hoffnung, dass sie bald aus luftiger Höhe erklingen werden – vom wieder aufgebauten Turm herab.

Pläne, den Turm neu zu errichten, gibt es seit geraumer Zeit. Die »Traditionsgemeinschaft Potsdamer Glockenspiel« hat mittlerweile nicht nur einen beträchtlichen Teil der veranschlagten Bausumme von 20 Millionen DM zusammengetragen, sondern auch ein Architekturbüro mit dem Entwurf eines neuen Garnisonkirchenturms beauftragt: Auf einer Grundfläche von 19,37 mal 14,46 Quadratmetern soll er eben dort errichtet werden, wo der Orginalbau einst gestanden hat, nämlich in der Plantage. Ein Teil des Rechenzentrums müsste dem Neubau weichen. Noch gibt es keinen rechtskräftigen Bebauungsplan, doch Stadtparlament und Oberbürgermeister haben sich für den Wiederaufbau von Stadtschloss und Kirchturm ausgesprochen. 82 Meter hoch soll er werden, mit vergoldeter Wetterfahne samt Sonnenkranz auf der hölzernen Dachkonstruktion – wie ihn einst Baumeister Philipp Gerlach entworfen hat – als Wahrzeichen Potsdams und als ein Schritt, die alte Schönheit der Stadt wiederherzustellen.

Das von der »Traditionsgemeinschaft Potsdamer Glockenspiel e.V.« gestiftete und im April 1991 aufgestellte neue Glockenspiel der Stadt.

Literatur

Das Glockengeläut der Garnisonkirche zu Potsdam, Potsdam 1939

Die Hof- und Garnisonkirche zu Potsdam. Hrsgg. vom Gemeindekirchenrat, Potsdam 1932

Gass, Karl: Der Militärtempel der Hohenzollern. Berlin 1999

Kitschke, Andreas: Die Potsdamer Garnisonkirche. Potsdam 1991

Laske, Friedrich: Die Trauerfeierlichkeiten für Friedrich den Großen. Berlin-Charlottenburg, 1912

Rogge: Hof- und Garnisonkirche. Potsdam 1939

Schwipps, Werner: Die Garnisonkirchen von Berlin und Potsdam. Berlin 1964

Schwipps, Werner: Die Königl. Hof- und Garnisonkirche. Berlin 1991

Sternaux, Ludwig: Potsdam. Als Flaneur durch die tausendjährige Stadt. Berlin 1990

Thiele, Eugen (Hrsg.): Die Baugeschichte der Hof- und Garnisonkirche zu Potsdam. Berlin-Charlottenburg, 1932

Thiele, Eugen (Hrsg.): Das Glockenspiel auf dem Turm der Hof- und Garnisonkirche zu Potsdam. o. O., o. J.

Wiesenhütter, Alfred: Protestantischer Kirchenbau des deutschen Ostens. Leipzig 1936

Wirth, Günter: Der andere Geist von Potsdam. Frankfurt/M. 2000

Bildnachweis

Alle Bildvorlagen, soweit nachfolgend nicht anders ausgewiesen, wurden freundlicherweise vom Potsdam-Museum zur Verfügung gestellt; sie stammen aus den Schenkungsbeständen der Familie Becker und Museumsbeständen.
Foto auf dem Titel: Bildarchiv Preußischer Kulturbesitz
Foto S. 133: Simone Thomas/Traditionsgemeinschaft Potsdamer Glockenspiel e. V.

Der Autor

Werner Schwipps, geboren 1925 in Haidemühl/Niederlausitz, hat – nach Kriegsdienst und Gefangenschaft – in Berlin Politische Wissenschaften und Geschichte studiert. Danach war er als Rundfunkredakteur tätig, anfangs beim Sender Freies Berlin, von 1968 an beim Auslandsrundfunk, der Deutschen Welle in Köln. Er lebt als freier Autor in Köln. Seine Publikationen und Dokumentationen gelten hauptsächlich Themen der frühen Luftfahrtgeschichte sowie der Frühzeit des Radios. Eine Ausnahme bildet die Potsdamer Hof- und Garnisonkirche, deren Geschichte für ihn mit einem Stück Familiengeschichte verbunden ist. Schon 1964 veröffentlichte er einen ersten Band über die Garnisonkirchen von Berlin und Potsdam.